AF459036

UNION INTERPARLEMENTAIRE
POUR
L'ARBITRAGE INTERNATIONAL

SESSION DE 1903

COMPTE RENDU
DE LA XIe CONFÉRENCE

TENUE À VIENNE, PALAIS DU REICHSRAT,

DU 7 AU 9 SEPTEMBRE 1903

VIENNE
IMPRIMERIE OTTO MAASS' FILS

MDCCCCIII

UNION INTERPARLEMENTAIRE

POUR

L'ARBITRAGE INTERNATIONAL

SESSION DE 1903

COMPTE RENDU DE LA XIe CONFÉRENCE

TENUE À VIENNE, PALAIS DU REICHSRAT,

DU 7 AU 9 SEPTEMBRE 1903

VIENNE

IMPRIMERIE OTTO MAASS' FILS

MDCCCCIII

AVANT-PROPOS.

Dans sa session de 1900, tenue à Paris, la Conférence de l'Union interparlementaire, sur la proposition du Baron Pirquet, président du groupe autrichien, désigna Vienne comme siège de la Conférence de l'année 1902. Les préparatifs locaux n'ayant pu aboutir à temps, la Conférence fut ajournée pour un an et le Conseil, réuni à Bruxelles, en mars 1903, décida que l'assemblée générale de 1903 aurait lieu à Vienne du 7 au 9 septembre, précédée le 6 d'une séance du Conseil.

Depuis 1900, l'idée de l'arbitrage a fait des progrès considérables. La Cour permanente de La Haye composée des divers membres nommés par les Puissances signataires est établie, le Conseil administratif, visé par l'article 28 de la Convention de La Haye, s'est constitué et a installé, dans cette ville, un bureau permanent qui se trouve maintenant sous la direction de M. J. H. Ruyssenaers, Envoyé Extraordinaire et Ministre Plénipotentiaire.

Les États-Unis d'Amérique et la Russie furent les premiers à se prévaloir de la disposition de l'article 26 de la Convention pour le règlement pacifique des conflits internationaux. M. Asser, membre du conseil d'État des Pays-Bas, ayant été désigné, en 1900, avant la constitution de la Cour, par les deux gouvernements comme arbitre, pour juger, entre ces deux Puissances, des différends relatifs à la saisie de quelques navires américains par des gardes-pêche russes dans la mer de Behring, les locaux et les installations de l'hôtel de la Cour furent mis à sa disposition par le Conseil administratif de la Cour.

Dans le courant de l'année 1902, le Tribunal d'Arbitrage entra pour la première fois en fonctions. Les États-Unis d'Amérique et les États-Unis Mexicains ne pouvant arriver à un accord à l'égard d'une réclamation des États-Unis d'Amérique au profit de l'Archevêque de San Francisco et de l'Evêque de Monterey qui revendiquaient le paiement de 33 années d'intérêts d'une ancienne fondation connue sous le nom de »Fondo piadoso de Californias«, un compromis rédigé sous forme de Protocole fut signé à Washington, le 22 mai 1902, par lequel les deux Gouvernements convinrent de soumettre ce différend à un Tribunal d'Arbitrage spécial, auquel seraient applicables les règles de la Convention pour le règlement pacifique des conflits internationaux, conclue à La Haye le 29 juillet 1899. Après la nomination des arbitres et du surarbitre et après un échange de correspondances diplomatiques et de mémoires et contre-mémoires des deux Parties, le Tribunal d'Arbitrage s'assembla, le 15 septembre 1902, dans l'hôtel de la Cour permanente d'Arbitrage à La Haye. La procédure devant le Tribunal était basée sur le Règlement de la procédure arbitrale, consigné dans la Convention de La Haye (articles 30 et suivants); en outre le Tribunal a établi quelques règles supplémentaires. Le Tribunal siègea du 15 septembre au 1er octobre et rendit, le 14 octobre, sa sentence arbitrale, suivant laquelle le Gouvernement des États-Unis Mexicains devait payer les arrérages réclamés par le Gouvernement des États-Unis d'Amérique.

A peu près à la même époque, la Cour permanente d'arbitrage fut saisie d'un autre litige par un protocole, signé, à Tokio, le 28 août 1902, par l'Allemagne, la France et la Grande-Bretagne, d'une part, et le Japon, de l'autre, qui soumettait au Tribunal d'arbitrage l'interprétation d'un article de leurs traités de commerce relatif à l'exemption d'impôts y accordée à certains terrains situés au Japon. La Cour n'a pas encore délibéré sur cette affaire; les gouvernements signataires ont seulement communiqué au Bureau international de La Haye des copies certifiées du protocole mentionné, conformément aux dispositions de l'art. 22 de la Convention de La Haye.

Le troisième différend soumis à la compétence de la Cour permanente concerne des réclamations de l'Allemagne, de la France, de la Grande-Bretagne, de l'Italie et de quelques autres

Puissances contre la République du Vénézuela et est en ce moment en délibération auprès du Tribunal de La Haye. Ce différend offre un intérêt particulier parce qu'il était déjà entré dans la phase de mesures violentes et que ce n'est que par le recours à l'arbitrage que les hostilités ont cessé.

Les litiges soumis à l'arbitrage de souverains ou de juges ou d'autres personnages étaient dans ces trois dernières années beaucoup plus nombreux et M. Gobat, dans son rapport sur les travaux du Bureau de l'Union, donne une liste complète de ces cas d'arbitrage.

L'opinion publique a continué à se prononcer de plus en plus en faveur de l'arbitrage; dans divers parlements des votes furent pris et des déclarations officielles faites dans ce sens et, dans le courant de l'été, il y eut encore à noter un événement heureux: l'entrevue de membres des parlements anglais et français qui a préparé le terrain pour la conclusion du récent traité d'arbitrage entre ces deux États. Ce traité doit être signalé comme un grand succès de la propagande pour l'arbitrage international.

La Conférence s'assemblait donc dans un moment propice pour la manifestation réitérée de ses idées; aussi fut-elle une des plus suivies des dernières années, 294 membres y assistaient.

Le Conseil se réunit le 6 septembre, la veille de l'ouverture de la Conférence; il modifia quelque peu l'ordre du jour arrêté à Bruxelles en coordonnant toutes les résolutions relatives à l'arbitrage et à la Cour de La Haye dans un article de l'ordre du jour. Il siégeait tous les jours avant les séances plénières pour préparer la discussion, pour examiner la correspondance et pour arrêter les motions qui pouvaient être présentées à la Conférence avec l'autorité du Conseil.

La séance d'ouverture fut illustrée d'une manière particulière par les discours de M. de Koerber, président du conseil d'Autriche, et de M. le Comte Nigra, Ambassadeur d'Italie, qui témoignaient leurs plus vives sympathies pour les tendances de l'Union.

Les résolutions adoptées serviront certainement de point d'appui pour l'action ultérieure des membres dans leurs différents parlements et éclaireront l'opinion publique sur les visées actuelles du mouvement pour l'arbitrage international.

La presse de Vienne et les journaux étrangers ont suivi les travaux de la Conférence avec beaucoup d'attention et leur ont consacré une ample et sympathique discussion.

Un grand nombre de membres étaient accompagnés de leurs familles, ce qui apportait dans les réunions non officielles beaucoup de vie et d'agrément. La veille de la Conférence, M. le Comte et Mme la Comtesse Harrach ont reçu dans leur beau palais tous les membres et leurs familles. Le lendemain, une représentation très réussie à l'Opéra Impérial fut offerte aux hôtes étrangers; le 8 septembre, le Bourgmestre de Vienne, M. le Dr. Lueger, leur donnait, au nom de la Ville, un grand banquet dans le magnifique hall de l'Hôtel de Ville et le 9, le groupe autrichien les invitait à un banquet d'adieu.

L'appendice du Compte-Rendu contient, outre les rapports des groupes suédois et norvégien, la liste complète des membres de tous les groupes; il s'ensuit que l'Union interparlementaire compte à présent 2022 membres.

UNION INTERPARLEMENTAIRE POUR L'ARBITRAGE INTERNATIONAL.

XIe CONFÉRENCE

TENUE À VIENNE DU 7 AU 9 SEPTEMBRE 1903.

ORDRE DU JOUR:

1. Election du Président et des Vice-présidents.
2. *a*) Projet de résolution du groupe autrichien concernant la Cour permanente d'arbitrage de La Haye.

   (Rapporteur: M. LE BARON PIRQUET.)

   b) Proposition du groupe danois concernant la pacigérance.

   (Rapporteur: M. BAJER.)

   c) Insertion de la clause d'arbitrage dans les nouveaux traités de commerce.

   (Rapporteur: M. GOBAT.)

   d) Les bons offices; interprétation des articles 2 et 3 de la Convention de La Haye pour le Règlement pacifique des conflits internationaux.

   (Rapporteur: M. GOBAT.)

   e) Union panaméricaine; relations à établir entre celle-ci et l'Union interparlementaire.

   (Rapporteur: M. BEERNAERT.)

   f) Reprise des actes de la Conférence de La Haye.

   (Rapporteur: M. BEERNAERT.)
3. Neutralité des Etats scandinaves.

   (Rapporteur: M. HORST.)
4. Ratification de la résolution du Conseil interparlementaire du 2 septembre 1901, concernant l'application de la Convention de La Haye.

   (Rapporteur: M. GOBAT.)
5. Rapport du Bureau interparlementaire et rapport au sujet de l'Union de la presse.

   (Rapporteur: M. GOBAT.)
6. Nomination des membres du Conseil interparlementaire.
7. Époque et siège de la prochaine Conférence.
8. Imprévu.

PROJETS DE RÉSOLUTIONS.

2 *a*) DE L'ORDRE DU JOUR:

Considérant que, dans le courant du XIXe siècle, un grand nombre d'Etats, en Europe et en Amérique, ont eu recours à l'arbitrage pour régler sans guerre des conflits sérieux, et se sont adressés, à cet effet, tantôt à des puissances neutres, tantôt même à des commissions ou à des particuliers, investis par eux du pouvoir de prononcer souverainement sur le litige;

Considérant que, pour rendre plus habituel et plus certain ce mode de procéder, il a été proposé souvent de lier les Etats disposés à l'employer par des traités généraux et permanents d'arbitrage; que des négociations ont été engagées dans ce but entre la Confédération Helvétique et la République des Etats-Unis;

Considérant que les Gouvernements de la Grande Bretagne et des Etats-Unis ont conclu à Washington, le 11 janvier 1897, un Traité d'Arbitrage, et qu'il n'a manqué à ce traité, pour devenir définitif par l'approbation du Sénat Américain, que deux voix, nécessaires pour lui assurer la majorité exceptionnelle des deux tiers;

Considérant que les Gouvernements du Royaume d'Italie et de la République Argentine, en 1898, se sont engagés par un Traité d'Arbitrage général, signé à Rome le 23 juillet de la dite année, à soumettre leurs différends à l'Arbitrage;

Considérant que le Ministre des Affaires Etrangères de la Russie a, le 30 décembre 1898, envoyé à tous les gouvernements dont les représentants sont accrédités à la Cour impériale, l'invitation de se réunir en Conférence de la Paix à La Haye, pour prendre des décisions concernant la diminution des armements, l'allègement des maux qu'amène la guerre, et l'introduction de l'arbitrage facultatif en cas de litige;

Considérant que, le 29 juillet 1899, cette Conférence a déclaré Titre IV, Chap. Ier, Art. 16 de ses Décisions, »que l'arbitrage est reconnu par les puissances signataires comme le moyen le plus efficace et en même temps le plus équitable de régler les litiges«, et qu'elle a réussi à instituer une Cour permanente d'Arbitrage international, dont le siège est à La Haye, et pour la constitution de laquelle la plupart des gouvernements ont nommé des représentants ou Arbitres, prêts à faire fonction de Juges;

Considérant que l'Espagne a conclu, les 17 et 28 février 1902, des Traités d'arbitrage, d'une part avec les Républiques du Mexique et du Guatemala, d'autre part avec la Bolivie, l'Argentine, la Colombie, le Paraguay, le Salvador, Saint Domingue et l'Uruguay; traités dans lesquels les parties contractantes se sont engagées à soumettre les différends qui pourraient surgir entre elles — dans le cas où la décision ne pourrait être remise à des juges — à la Cour permanente créée à La Haye en 1899, conformément au Chap. III du Titre IV des Conventions;

Considérant que l'Autriche-Hongrie et la Bulgarie ont, le 8 mars 1902, à Vienne, conclu une Convention Consulaire, dans laquelle, par un protocole final, il est dit que »les différends qui pourraient se produire touchant l'interprétation de cette convention devront, lorsque les moyens de les arranger directement par un accord amiable auront été épuisés, être réglés par voie d'arbitrage selon les principes établis à La Haye le 29 juillet 1899«;

Considérant qu'en octobre 1902 les chambres de la Confédération suisse ont pris un arrêté dans le même sens;

Considérant que, le 5 décembre 1902, la Chambre des Députés de Danemark a invité le gouvernement d'introduire dans tous les traités à conclure entre le Danemark et les autres Etats une clause portant que les litiges qui ne peuvent être réglés par la voie diplomatique soient soumis à la décision de la Cour permanente de La Haye;

Considérant que les Etats-Unis d'Amérique et les Etats-Unis Mexicains ont conclu le 22 mai 1902, au sujet du »Fonds Pieux des Californies«, un Compromis établissant que ce différend serait soumis à la décision de la Cour permanente d'Arbitrage international à La Haye et que cette Cour a rendu, le 10 octobre 1902, son arrêt qui a réglé définitivement la question en litige;

Considérant que le Gouvernement du Japon d'une part, et les Gouvernements de France, d'Allemagne et de la Grande Bretagne, d'autre part, ont conclu le 28 août 1902, à Tokio, un Traité pour soumettre à la Cour permanente d'Arbitrage international à La Haye — un désaccord qui s'est produit entre ces Puissances touchant le sens réel et la portée des dispositions de quelques traités et autres engagements existant entre eux; — et que ce Tribunal d'Arbitrage est déjà composé de trois membres élus parmi les Membres de cette Cour; — la date de l'appel de la cause restant seule à déterminer;

Considérant que l'arrangement du dernier conflit entre le Vénézuela d'une part et l'Allemagne et la Grande Bretagne d'autre part, a dévolu une partie des différends (la priorité des dommages-intérêts) à la compétence du Tribunal de La Haye, qui doit être en outre saisi des réclamations de quelques autres puissances contre la République du Vénézuela;

La Conférence constate avec une vive satisfaction:

qu'une Cour permanente d'Arbitrage international existe depuis quatre ans à La Haye,

que divers Etats se sont engagés, dans le courant de l'année passée, à recourir à cette Cour,

que cette Cour est entrée effectivement en fonctions, le 10 octobre 1902, en rendant un arrêt dans un différend entre les Républiques des Etats-Unis et du Mexique,

et a l'honneur d'inviter tous les Etats qui ont signé à La Haye les Conventions du 29 juillet 1899,

à insérer dans tous les traités qui le comportent la clause arbitrale,

à conclure même entre eux des Traités généraux d'Arbitrage,

et à s'adresser de préférence, en cas de litige, à la Cour permanente de La Haye.

Le Secrétaire Général de l'Union Interparlementaire pour l'Arbitrage International, M. le Dr. Gobat, Conseiller national à Berne, est chargé de communiquer cette résolution à tous les Gouvernements des Etats qui ont signé les Conventions arrêtées à La Haye, le 29 juillet 1899, de même à tous les Présidents des Groupes de l'Union Interparlementaire.

2 *b*) DE L'ORDRE DU JOUR:

Considérant que l'art. 27 de la Convention pour le règlement pacifique des conflits internationaux, votée par la Conférence de La Haye de 1899, impose aux Puissances signataires le »devoir, dans le cas où un conflit aigu menacerait d'éclater entre deux ou plusieurs d'entre elles, de rappeler à celles-ci que la Cour permanente leur est ouverte«; et

considérant que l'accomplissement de ce devoir sera efficacement facilité si l'appel à l'arbitrage est fait par une alliance de Puissances, puisque l'autorité en serait augmentée et la responsabilité diminuée, à mesure que s'accroîtrait le nombre des Puissances alliées dans ce but;

la Conférence interparlementaire exprime le désir que les Puissances qui ont signé la dite Convention de La Haye s'entendent autant que possible pour agir en commun et, de la manière la plus pratique, remplir l'obligation imposée par le dit art. 27.

2 *c*) DE L'ORDRE DU JOUR:

La Conférence rappelle aux membres de l'Union Interparlementaire la résolution suivante de la Conférence de Berne (1892):

»La Conférence, considérant que la clause compromissoire dans les traités diplomatiques est le premier pas pour arriver à la négociation de traités d'arbitrage généraux entre nations, dont on doit favoriser l'adoption par tous les Etats civilisés, invite ses membres à pourvoir à ce que la clause d'arbitrage soit insérée dans les traités de commerce et de protection de la propriété industrielle, littéraire et artistique, qui seront soumis à la ratification des parlements dont ils font partie« et les invite à faire donner suite à cette résolution à l'occasion du renouvellement des traités de commerce ou de la conclusion de nouveaux traités.

La meilleure formule paraît être la suivante:

Les parties contractantes conviennent de soumettre toutes les difficultés auxquelles l'application du présent traité pourrait donner lieu, à l'arbitrage, conformément aux prescriptions de la Convention de La Haye pour le règlement pacifique des conflits internationaux, du 29 juillet 1899.

2 *d*) DE L'ORDRE DU JOUR:

Attendu qu'aux termes de l'art. 27 de la Convention pour le règlement pacifique des conflits internationaux signée à La Haye le 29 juillet 1899, les Puissances signataires considèrent comme un devoir, dans le cas où un conflit aigu menacerait d'éclater entre deux ou plusieurs d'entre elles, de rappeler à celles-ci que la Cour permanente leur est ouverte, et déclarent en conséquence, que le fait de rappeler aux parties en conflit cette disposition, et le conseil donné, dans l'intérêt supérieur de la paix, de s'adresser à la Cour permanente, ne peuvent être considérés que comme actes de bons offices;

attendu que, si l'offre des bons offices est imposée aux Puissances signataires comme un devoir, cet acte constitue par lui-même une obligation morale et un principe du droit des gens;

considérant qu'au point de vue philosophique et éthique, comme au point de vue du droit et de la justice, les obligations morales et les principes du droit des gens ont un caractère immuable et ne peuvent changer de caractère par le fait qu'ils sont invoqués par ou pour un Etat qui n'a pas signé la Convention dans laquelle ces obligations et principes ont été posés;

la Conférence estime que l'offre des bons offices ne peut en aucun cas et quels que soient les Etats auxquels ou pour lesquels elle s'adresse, être considérée comme un acte peu amical et exprime l'espoir que les Etats rempliront le devoir que l'art. 27 susmentionné leur impose dans tout conflit, même si les parties litigantes ou l'une d'elles n'avaient pas signé la Convention de La Haye.

2 *f*) DE L'ORDRE DU JOUR:

Considérant qu'aux termes de l'acte final de la Conférence de La Haye, du 29 juillet 1899, cette assemblée a renvoyé à un examen ultérieur un certain nombre de questions et manifesté le désir formel, que de nouvelles Conférences soient tenues par la suite;

considérant que parmi ces points réservés se trouvent des questions d'une importance majeure, telles que celles de la neutralité et de la limitation des forces armées, dont la solution est attendue avec impatience par toutes les nations civilisées;

la Conférence interparlementaire exprime le voeu, que les questions renvoyées par la Conférence de La Haye à un examen ultérieur, soient traitées le plus tôt possible par une nouvelle Conférence.

SÉANCE D'OUVERTURE DU 7 SEPTEMBRE 1903.

La séance est ouverte au Reichsrat dans la salle des séances de la Chambre autrichienne des Députés à 10 heures $^1/_4$ du matin.

M. Gobat, secrétaire général. — Aux termes de nos statuts il appartient à l'assemblée de désigner son président. Le Conseil permanent de l'Union interparlementaire et le groupe autrichien proposent à vos suffrages S. E. M. de Plener. Je vous prie, si cette proposition vous agrée, de l'adopter par acclamations. (*Acclamations prolongées.*)

S. E. M. de Plener prend place au fauteuil de la présidence et prononce le discours suivant:

Messieurs, je suis profondément touché de l'honneur que vous m'avez conféré en me nommant président de la conférence. Veuillez agréer mes plus vifs remercîments ainsi que l'assurance que je tâcherai de conduire les débats de la conférence avec la plus stricte impartialité et de mener à bonne fin ses travaux. Il est de mon devoir tout d'abord de souhaiter à nos hôtes étrangers la plus cordiale bienvenue. Le groupe autrichien est fier de ce que la Conférence siège cette année à Vienne et j'espère que vous remporterez une bonne impression de votre séjour dans notre capitale.

L'idée que propage l'Union interparlementaire a indubitablement fait du progrès dans les dernières années; l'arbitrage fait déjà partie du système actuel des relations internationales du monde civilisé. Nous pouvons en distinguer deux causes originaires. L'une est le cas d'un différend survenu inopinément, qui tend à embrouiller les rapports entre deux Etats et qui réclame une solution. Déjà toute une série de ces controverses internationales ont été soumises à l'arbitrage. Le premier cas le plus retentissant fut l'affaire de l'Alabama qui avait amené une tension sérieuse entre l'Angleterre et les Etats-Unis et qui fut finalement décidée par le tribunal d'arbitrage de Genève. Un bon nombre de cas analogues ont suivi dans le courant des trente dernières années; les différends étaient quelquefois peu importants: questions de dommages-interêts, quelquefois purement politiques, comme l'affaire des Carolines entre l'Allemagne et l'Espagne.

L'autre cause du recours à l'arbitrage est en général le resserrement plus étroit des rapports internationaux qui se multiplient continuellement et créent un réseau épais de lignes de contact entre les Etats. Ce sont d'abord les relations commerciales et les traités de commerce qui ont amené un rapprochement des nations et qui ont établi un ordre de choses international contractuel. Mais outre les rapports commerciaux, il y a un grand nombre de questions économiques et juridiques, issues de la vie moderne, qui ont fait éprouver le besoin d'un règlement international. Nous avons la grande Union postale qui embrasse tout l'Univers; nous avons le bureau international des chemins de fer à Berne qui a créé un nouveau droit international pour nos voies de communication; nous avons les conventions concernant la propriété littéraire et artistique, l'exécution des jugements, l'extradition et tant d'autres. Tout cet ensemble prouve que la vie moderne des peuples déborde les frontières politiques, et exige des formes et des règles qu'on ne peut établir que d'un commun accord. Tout récemment encore nous avons vu nombre d'Etats soumettre leur législation sucrière à une entente internationale, et pour ne pas laisser le dernier progrès technique échapper au système international, les Gouvernements européens ont réuni des délégués pour délibérer sur le règlement de la télégraphie sans fil. Les conventions consulaires et autres contiennent, dès à présent, une clause arbitrale qui soumet à l'arbitrage les différends relatifs à l'interprétation ou à l'application des stipulations. Dans tous ces cas, l'arbitrage est la conséquence juridique d'un rapport économique ou autre entre les Etats, et il s'impose avec d'autant plus d'autorité, qu'il a pour base un traité spécial émané des besoins réels de la vie internationale.

Le principe de l'arbitrage a reçu une impulsion puissante par la conférence de La Haye (1899) qui réunissait les représentants de presque tous les Etats et qui a frayé la voie à une application générale de ses décisions. Nous voyons, en effet, dans les trois ans qui se sont écoulés depuis lors, que les Gouvernements sont plus disposés qu'auparavant à faire appel à l'arbitrage. Le fait que le tribunal de La Haye est entré une fois déjà en fonctions et a rendu un arrêt, accepté de part et d'autre et loyalement mis à exécution, ce fait est l'argument le plus fort en faveur de notre mouvement; car rien au monde n'est aussi fort qu'un fait et un succès réel. Il est vrai que beaucoup de Gouvernements paraissent encore préférer l'institution d'un arbitre spécial dans la personne d'un souverain neutre ou d'un autre personnage distingué, à la faculté d'invoquer la Cour de La Haye. Ce sera peut-être la tâche de notre conférence de comparer les différents modes d'arbitrage et d'émettre une opinion sur les mérites et les avantages de ces formes respectives; mais, quoi qu'il en soit, et quand même les diverses formes subsisteraient encore parallèlement, l'arbitrage est désormais entré dans la pratique de la diplomatie et dans les moeurs politiques de notre époque.

Ce progrès de l'idée de l'arbitrage est d'autant plus remarquable, qu'il coïncide avec une autre tendance tout à fait opposée, laquelle s'accentue depuis vingt ans, toujours avec plus de force. En effet, un trait caractéristique de notre époque, c'est l'affirmation croissante de la nationalité politique, le sentiment quelquefois exagéré de l'amour-propre national, qui est accompagné d'une augmentation constante des forces militaires. Chaque puissance veut se faire valoir davantage dans le monde, étendre sa domination dans les pays d'outre-mer et la plupart des Etats se hérissent de tarifs protecteurs, sinon prohibitifs. L'autonomie politique et économique, ainsi jalousement défendue, ne s'accorde guère avec les idées cosmopolites d'une autre époque.

Il n'est pas facile d'expliquer cette contradiction. On pourrait dire, il est vrai, que les Etats, comme les individus, sont composés d'éléments contradictoires, et que, comme l'état est un être encore plus compliqué qu'un seul individu et embrasse tant d'individus et de partis, il est naturel, et cela correspond à la marche de l'histoire, qu'une tendance l'emporte pendant quelque temps sur l'autre. Mais une telle explication est à mon avis insuffisante et il faudrait chercher une connexité logique de ces phénomènes disparates.

Il est vrai d'un côté que les Etats et surtout les grandes Puissances ne sont, pour le présent, disposés à soumettre à l'arbitrage que des questions de second ordre, en exceptant expressément toutes les questions d'intérêts vitaux ou d'honneur national. Mais ces questions secondaires, quoiqu'elles n'aient pas d'abord un caractère politique, ne peuvent souvent être sans un certain effet sur les relations politiques des Etats. Si ces questions d'ordre subalterne ne sont aplanies, ni paisiblement, ni par une guerre, elles restent en suspens sans solution, mais ne disparaissent pas du monde, surtout lorsqu'il s'agit de différends qui ont trait, non pas à un événement isolé, mais à un état de choses permanent: comme une frontière disputée ou l'exercice constant d'un droit contesté; par exemple celui des pêcheries ou autres semblables. Dans ces cas, ces sujets de discorde entretiennent une irritation permanente qui peut devenir un grave danger politique. Que, dans un manuel du droit des gens, on établisse la distinction entre différends politiques et différends économiques ou spéciaux de second ordre, la vie véritable, surtout les hommes réels, ne supportent pas dans leurs idées et leurs sentiments des divisions artificielles. Dans le monde politique, il s'agit plus des opinions que des choses. Dès qu'une foule d'hommes, ou mieux encore, dès que l'opinion publique d'un pays prend un avis arrêté sur un sujet et, pour une raison quelconque, y met de la passion politique ou nationale, on a beau lui démontrer l'infériorité réelle du point de départ, on n'arrive pas à la convaincre. Le courant patriotique l'emporte et d'une petite querelle économique peut surgir une grave affaire d'honneur national ou d'intérêt vital.

Si toutefois nous voyons les Etats soumettre à l'arbitrage ces questions secondaires, grosses quelquefois de conflits sérieux; si même ils sont disposés à étendre par des conventions spéciales le nombre de ces questions et que ce sont les mêmes états qui iennent le plus à leur prestige politique, militaire et maritime, qu'est-ce que cela prouve? Cela prouve que les états et les peuples sont au fond imbus d'un sentiment pacifique, qu'ils veulent éviter les guerres et maintenir la paix du monde. C'est l'enseignement incontestable du développement politique des vingt dernières années. Les grandes combinaisons des Puissances européennes qui, à l'origine, du moins, avaient le sens d'une protection mutuelle contre une attaque présumée, qui hypothétiquement ainsi envisageaient une guerre, ces groupements sont depuis lors devenus des systèmes politiques pour le maintien et la garantie de la paix. L'horreur de la guerre est devenue si grande que d'importantes questions qui touchaient aux intérêts et à l'influence politique des Etats et qui jadis n'auraient pu être décidées qu'à la pointe de l'épée, se sont arrangées paisiblement et d'un commun accord. Nulle part le prestige des Etats n'était, dans le passé, aussi chatouilleux qu'au sujet des questions coloniales; cependant dans le présent nous avons été témoins que le partage de l'Afrique s'est fait d'un commun accord par des conventions entre les différents états intéressés, non seulement dans l'Afrique Orientale où se trouvaient en opposition les intérêts allemands et anglais, mais aussi dans le Congo, dans la boucle du Niger, entre la France et l'Angleterre. Nous avons assisté à une entente semblable en Chine où il y avait certainement une divergence d'intérêts entre les diverses Puissances; néanmoins elles ont renoncé à une poursuite exclusive de leurs intérêts individuels et se sont concertées pour une action collective.

Tout cela n'est certainement pas de l'arbitrage, mais ce mode d'arrangement bilatéral appartient pourtant plus à cet ordre d'idées qu'à l'ancienne méthode combative. En dépit de tous les armements, ou, disons mieux, en conséquence de ces armements qui ont rendu énormes les périls de la guerre, pas un état ne veut les affronter à la légère. Nous pouvons donc être satisfaits de la marche des choses; ce serait une illusion de demander aujourd'hui le désarmement général; soyons heureux que l'arbitrage commence à être vu d'un bon oeil par les gouvernements, que la plupart des conventions spéciales des derniers temps aient inséré la clause arbitrale dans leurs stipulations et que l'idée de traités généraux d'arbitrage gagne continuellement du terrain. L'opinion publique travaille sans cesse dans ce sens. Des faits nouveaux, comme le rapprochement des membres des parlements anglais et français sous l'étendard de l'arbitrage, aident à fortifier et à stimuler le mouvement, et si notre conférence contribue à faciliter et à accélerer cette marche, elle aura accompli une bonne œuvre et aura bien mérité du progrès général des peuples. (*Applaudissements prolongés.*)

J'ai l'honneur d'ouvrir la séance et suis heureux de saluer dans cette enceinte le Chef du Gouvernement autrichien, le président du conseil, M. de Koerber, auquel nous devons tous nos remercîments pour l'assistance bienveillante et efficace qu'il a bien voulu prêter à nos travaux préparatoires. (*Bravos.*) Nous sommes encore honorés de la présence de l'Ambassadeur d'Italie, M. le Comte Nigra, qui, par la part active et puissante qu'il a prise aux travaux de la Conférence de La Haye, a couronné une longue et brillante carrière diplomatique par une action des plus méritoires pour la cause de la paix générale. (*Nouveaux applaudissements.*) Nous sommes aussi très flattés de voir à son côté deux de ses collègues de La Haye, Don de Villa Urrutia, Ambassadeur d'Espagne, et M. Zenil, Ministre du Mexique, qui ont aussi représenté avec beaucoup d'éclat leurs pays dans cette illustre réunion et qui veulent bien aujourd'hui par leur présence témoigner l'intérêt qu'ils prennent à nos délibérations. (*Applaudissements.*) Le Bourgmestre de Vienne, Dr. Lueger, nous a également fait l'honneur de prendre part à la séance d'inauguration et d'exprimer ainsi la sympathie que lui et la ville de Vienne portent à l'Union interparlementaire. (*Applaudissements généraux.*)

NOMINATION DES VICE-PRÉSIDENTS.

M. le Président. — J'invite à prendre place au bureau en qualité de Vice-présidents MM. Dr. Hirsch (Allemagne), Beernaert (Belgique), Labiche (France), Comte Apponyi (Hongrie), Stanhope (Grande Bretagne), Horst (Norvège).

Ces Messieurs prennent place au bureau. (*Applaudissements.*)

S. E. M. Ernest de Koerber, président du conseil. — Messieurs, j'ai l'honneur de vous saluer au nom du Gouvernement autrichien, et laissez-moi exprimer notre vraie satisfaction du but élevé que vous poursuivez depuis des années. L'introduction obligatoire de l'arbitrage en cas de litige international entre tous les Etats du monde civilisé sera, espérons-le, le couronnement de vos efforts.

Meine Herren! Die Einsicht in die außerordentliche Komplikation unseres Organismus und in die unbegrenzte Mannigfaltigkeit der Verrichtungen der winzigsten Teile hat die moderne Forschung staunen gemacht über die verhältnismäßig geringe Zahl von Stockungen in dieser sinnreichsten und heikelsten aller Konstruktionen, in der nach dem Worte Goethes über die Philosophie die Fäden ungesehen fließen.

Dazu kommen noch die äußeren Gefahren in Betracht, zum Teile vom Menschen selbst durch die Mannigfaltigkeit seiner Berufstätigkeit hervorgerufen, zum anderen weitaus größeren Teile durch das unermeßliche Heer von sichtbaren und namentlich von unsichtbaren Feinden bedingt, die im Kampfe um das eigene Dasein den Riesenfeind »Mensch« und seine Künste nicht scheuen und nicht fürchten, im ewigen Kriege mit ihm leben und durch ihre Zahl und ihr Gift ihn überwinden wollen. Die Naturwissenschaft sieht diese Übermacht und steht bewundernd vor der geheimnisvollen Kraft, welche diese Scharen in Schach hält und den Frieden im menschlichen Organismus bewahrt, den wir die Gesundheit, das Leben nennen.

Dieses große Rätsel »Natur«, anscheinend ein steter Kampf, ein ewiges Erscheinen und Vergehen, lebt nach den Gesetzen des Gleichgewichtes, des Friedens.

Wenden wir nun den Blick von diesem unendlichen Problem auf das deutlicher erkennbare Dasein der Staaten und Völker, so ist es selbstverständlich, daß sie als Ganzes die Empfindungen und Erregungen ihrer Teile widerspiegeln, vor allem das Verlangen nach Selbsterhaltung, das sich ebenso nachhaltig auf geistigem wie auf wirtschaftlichem Gebiete geltend macht und hinter welchem zwei treibende Gewalten von großer Mächtigkeit stehen: die Ehre und die Not.

Ich stelle wohl mit Grund die erstere voran, weil sie in unserem Falle nicht selten in höherem Maße den Ausschlag zu geben vermag als selbst das Elend und die Not. (*Beifall.*)

Die Kriege, die nur auf die blutige Eroberung fremder Ländergebiete abzielen, werden von unserer Zeit nicht mehr gutgeheißen, in der zivilisierten Welt sind die Staatsoberhäupter die besten Anwälte des Friedens, wie ja von einem großherzigen Monarchen jene Konferenz vorgeschlagen wurde, welche das Friedensgericht für alle gesitteten Staaten errichten sollte.

Allein wie im tausendfach verschlungenen Mechanismus des Individuums jeder Faden und jeder Knoten von Gefahren umringt ist, so lagern auf dem Grunde des Völkerlebens die Keime der

Kriegsdrohung in hohen Schichten übereinander. Nicht mehr der Ehrgeiz des einzelnen, aber die Ehre des ganzen Volkes ward zur Saite, die man nicht berühren darf, ohne daß ihr Weckruf ertönt und alle Leidenschaften anfacht.

Die nationale Ehre ist wie die unlöschbare Glut im Innersten der Erde. Wenn ich, der leitende Politiker eines Staates mit so vielen Volksstämmen, dies zugestehe, so will ich damit zugleich sagen, wie sehr es die Aufgabe der Machthaber ist, nicht nur die Ehre des eigenen Stammes zu hüten, sondern auch acht zu haben, nicht an die Ehre eines anderen Volkes zu tasten. (*Lebhafter Beifall und Händeklatschen.*) Der ist der friedlichste Staatsmann, der die Ehre remder Nationen an dem Gefühle mißt, das seine Brust für sein Volk erfüllt. (*Beifall.*)

Es wäre kurzsichtig, nicht auch der anderen Interessen zu gedenken, welche Gewitter bildend auftreten und unter dem Donner und den Blitzen der Geschütze die Entscheidung begehren. Nicht im einzelnen will ich auf Beispiele dieser Art hinweisen. Die Blätter der Geschichte erzählen nur allzuoft von solchen blutigen Vorkommnissen; doch die fortschreitende Kultur milderte viel.

Wir sehen, daß viele Güter schon ein Eigentum der ganzen Menschheit werden, wenn sie auch noch der Besitz eines einzelnen Volkes, einer Klasse zu sein scheinen. Der Weg, den Wissenschaft und Forschung zurücklegten, zeugt dafür. Was einst die Assyrer und Ägypter an Baukunst, die Araber an Mathematik wußten, was griechische Kunst, phönizisches Kaufmannstalent gewesen, alles ward längst zum Gemeingute aller Reiche, und wenn wir in unseren Tagen die Erfindungen durch Patente in allen Ländern zu schützen suchen, so hindert das die grübelnden Geister nicht, diese Geheimnisse zu erraten und über sie hinaus den Weg weiter zu verfolgen. Auch die Sorge unseres Jahrhunderts, die soziale Frage, verliert ihren konvulsivischen Charakter und wird zum Nutzen beider Parteien zum friedlichen Streite.

Die lange Reihe von Kriegsanlässen, die aus der Eigenart der Völker, ihrer Empfindungen und ihres Temperamentes, aus der Verschiedenheit der Interessen der Staaten, aus geschichtlichen Tatsachen und Traditionen, aus Problemen der Gesellschaft abgeleitet werden, vermindert sich immer mehr. Es ist ein charakteristisches

Zeichen unserer Zeit, daß die kleinen Staaten in ihrer Existenz niemals so gesichert waren, wie jetzt. Selbst die schwächsten unter ihnen, von denen vielleicht manche Bedenken über das Maß ihrer eigenen Kraft erwecken, bleiben in ihrer Tätigkeit unbehindert. Ob man ihnen die Rolle der Puffer zumißt, welche den Zusammenstoß der großen Staatswagen hintanhalten sollen, oder ob – wie ich lieber glaube – ihrer Selbständigkeit der volle Respekt entgegengebracht ist – genug, daß es ist, wie es ist, das muß als vollgültiger Beweis für die Friedensliebe der großen Mächte aufgenommen werden.

In der Tat, wenn wir auch an den unsterblichen Ruhm eines Kriegshelden, an Trophäen und Eroberungen denken, und wenn auch jeder von uns, sobald das Unabänderliche geschehen müßte, in heißem Gebete den Sieg seines Vaterlandes erflehen würde, immer wieder dünkt uns der milde Schein des Friedens als das beste Licht für die Menschheit, immer wieder hat das Wort von den Segnungen des Friedens seinen unvergleichlichen Zauberklang. (*Beifall.*)

In unseren Tagen aber bedeutet die Zeit des Friedens noch insbesondere eine Zeit der Arbeit und der Wirtschaft; wir erheben so große Ansprüche in allen Dingen, daß wir auch den Gegenwert aufbringen müssen. Uns wird der Tag zur Stunde und die Stunde zum Augenblicke, so rasch jagen sich die Werke und die Wünsche. Das kann der Krieg nicht leisten, was wir von dem Laufe der Zeiten fordern; deshalb bringen wir die größten Opfer, um ihn zu verhüten. Wir brauchen den Frieden für die auf Sturmesflügeln dahineilende menschliche Kultur. Ihre Gesellschaft dient dem Frieden – ich beglückwünsche Sie dazu.

Encore un mot, messieurs. Je veux ajouter que notre Monarchie a toujours été un empire pacifique; jamais elle n'a tiré l'épée sans y être provoquée; jamais elle n'a commencé une guerre par avidité ou par soif de conquêtes.

Tous ses peuples ont toujours aimé la paix. Elle est gouvernée par un Souverain dont la gloire est proclamée partout comme défenseur de la paix, dont tout le monde suit volontiers les sages conseils. Ne jugez pas cet Empire d'après ses querelles intestines: celles-ci dérivent de sa structure interne, mais ne sauraient ébranler sa puissance.

Jugez le plutôt d'après ses sentiments pacifiques et vous serez obligés de le placer au premier rang parmi les amis de la paix. Elevez vos regards vers notre gracieux Souverain: vous verrez une auréole de paix rayonner sur son front et vous lui décernerez le titre d'un Empereur de la Paix.

Au nom du gouvernement autrichien, je vous souhaite encore une fois cordialement la bienvenue. (*Applaudissements prolongés.*)

S. E. M. LE COMTE NIGRA, AMBASSADEUR D'ITALIE. — Les paroles bienveillantes que notre illustre Président a prononcées à mon égard, et l'accueil qu'elles ont reçu par vous, me touchent profondément. Je le remercie et je vous remercie. Je sais que je dois l'invitation d'assister à cette réunion à la part que j'ai eu la chance de prendre à la conférence de La Haye, à cet événement mémorable qui a clos le siècle dernier par la plus grande manifestation pacifique de nos temps. Mais j'aime à croire que cette marque d'attention s'adresse surtout au pays que, pour peu encore, j'ai l'honneur de représenter, à l'Italie, parce que parmi toutes les Puissances ce fut elle qui donna le premier exemple d'avoir fait insérer la clause d'arbitrage dans des traités internationaux. (*Applaudissements.*)

L'intérêt que l'Italie prend à vos travaux, vous est d'ailleurs attesté par le nombre et par la valeur de vos collègues italiens qui se sont rendus à votre appel.

J'ai mentionné la Conférence de La Haye. Vous rappelez dans vos actes, avec une légitime fierté, qu'elle a été précédée et préparée par vos réunions. Vous en avez été en quelque sorte les précurseurs. Ce sera maintenant votre tâche et votre mérite de continuer son oeuvre, en faisant croître l'arbre béni, dont nous avons semé le germe à La Haye, et qui commence à porter quelques fruits. N'en doutez pas, Messieurs; l'idée de l'arbitrage finira par s'imposer, parce que c'est une idée de raison et de justice. Elle est destinée à triompher, — à deux conditions pourtant. La première c'est qu'il faudra ne pas se décourager, ne pas trop se presser, mais persévérer et savoir attendre. L'autre condition, c'est de gagner à la cause de l'arbitrage la plus grande puissance de notre époque, l'opinion publique (*Applaudissements*), qu'il appartient à la presse d'éclairer, de diriger et d'entraîner. Je vois avec satisfaction que la presse a dans cette réunion quelques uns de ses représentants les plus insignes. Nous espérons, nous comptons même qu'ils voudront nous aider, en prêchant la bonne parole, en popularisant l'idée de l'arbitrage et en contribuant ainsi à atteindre notre but, qui est de diminuer les conflits armés et d'épargner l'effusion du sang humain. (*Applaudissements prolongés.*)

LE BOURGMESTRE DE VIENNE, DR. LUEGER. – Meine sehr geehrten Herren! In meiner Eigenschaft als Bürgermeister der Reichshaupt- und Residenzstadt Wien erlaube ich mir, Sie alle aufs herzlichste zu begrüßen (*Beifall*) und Ihnen den wärmsten Dank dafür auszudrücken, daß Sie die Stadt Wien zum Sitze Ihrer heurigen Beratung erwählt haben. (*Beifall.*) Ich will Sie nicht lange aufhalten, weil ich ja der Sprache, welche die offizielle ist, nicht mächtig bin, aber die paar deutschen Worte, die ich spreche, werden Sie verstehen. (*Heiterkeit und Zustimmung.*)

Sie sind gekommen, meine sehr verehrten Herren, in eine Stadt des Friedens. (*Beifall.*) Ich habe Wien einmal genannt die glückliche Insel in unserem Vaterlande Österreich. (*Beifall.*) Sie sind auch gekommen in eine Stadt der Heiterkeit, und daher danke ich Ihnen auch vom Herzen dafür, daß Sie die weiblichen Mitglieder Ihrer Familien nicht zu Hause gelassen (*Lebhafte Heiterkeit*), sondern mitgenommen haben.

Ihre Zusammenkunft hat aber für mich als Österreicher eine große Bedeutung: Hier sind versammelt alle Nationen – ich will sie nicht aufzählen, es könnte doch vielleicht sein, daß ich die eine oder die andere vergesse, und so wäre gleich eine Beleidigung fertig (*Heiterkeit*) – es sind alle Nationen versammelt, und ich habe nur den einen Wunsch, daß Sie sich in diesem Saale recht gut vertragen mögen (*Lebhafter Beifall*), damit Sie ein gutes Beispiel für die Zukunft geben und Friede einkehren möge in diesem Saale. (*Lebhafter Beifall.*)

Es heißt: Böse Beispiele verderben gute Sitten. – Das mag richtig sein! Vielleicht ist es aber auch einmal richtig, daß ein gutes Beispiel böse Sitten heilt. (*Beifall.*) – Ich habe Sie schon zu lange aufgehalten; ich will auch keinen großen philosophischen Vortrag halten. Wir alle wissen sehr genau, den ewigen Frieden zu erreichen, ist beinahe eine Unmöglichkeit, aber ich erkenne in Ihnen mächtige, feste Dämme, welche ein eventuelles Hochwasser einengen, damit es nicht verheerend sich ergieße über die Felder der Menschheit. (*Beifall.*)

Es wird immer ehrgeizige Menschen geben, die den Frieden stören, es wird immer Menschen geben, die Unrecht tun, es wird Menschen geben, die Unrecht nicht dulden. Das ist unvermeidlich Aber eines wollen alle, die es mit dem Wohle der Menschheit ernst nehmen, durchführen, daß es nämlich möglich ist, gegebenes Unrecht zu sühnen, ohne daß Blut fließt, ohne daß dadurch das heiligste zerstört wird, was auf Erden existiert – das Leben der Menschen. (*Lebhafter Beifall.*)

Nun möge es genug sein! Ich lade Sie und Ihre Familienmitglieder für morgen in das Rathaus ein. Nach getaner Arbeit ist gut ruhen, nach getaner Arbeit ist auch gut pokulieren und daher nochmals zum Schlusse: Den herzlichsten Gruß im Namen aller Wiener! (*Lebhafter, anhaltender Beifall.*)

M. LE PRÉSIDENT. – Avant d'aborder l'ordre du jour je vous demande l'autorisation d'adresser à S. M. l'Empereur d'Autriche et Roi de Hongrie les hommages respectueux de la Conférence interparlementaire. (*Applaudissements.*) Notre Empereur et Roi jouit du respect universel et ses vertus sont reconnues par le monde entier. Je crois qu'il est naturel que l'hommage lui soit rendu par une réunion qui contient les représentants de toutes les nations. Je demande l'autorisation d'adresser un télégramme en ce sens à S. M. Empereur et Roi. (*Applaudissements.*)

La proposition de M. le Président est adoptée par acclamations.

M. LE PRÉSIDENT. – Nous abordons l'ordre du jour. Celui fixé provisoirement par le Conseil dans sa séance du mois de Mars dernier à Bruxelles a été modifié. Le Conseil interparlementaire a jugé bon, pour simplifier les débats, de grouper tous les objets qui ont trait à l'arbitrage et qui figurent sous le N° 2, depuis la lettre *a*) jusqu'à la lettre *f*). Je vous propose de faire précéder l'examen de ces différents points d'une discussion générale qui portera sur leur ensemble. Ainsi la discussion ne s'éparpillera pas, et nous éviterons des débats réitérés sur le même sujet. La discussion générale sera précédée elle-même des exposés des différents rapporteurs. (*Adhésion.*)

Le texte de ces résolutions réunies a été distribué aux membres. Après la discussion générale le vote sera pris individuellement sur chacune des résolutions.

Ceci dit, je donne la parole à M. le Baron Pirquet, pour développer la résolution proposée par le groupe autrichien, concernant la Cour permanente d'arbitrage de La Haye. (N° 2 *a* de l'ordre du jour.)

M. LE BARON PIRQUET (AUTRICHE). — Messieurs et chers Collègues, au nom du Groupe autrichien de l'Union, j'ai l'honneur de vous présenter les motifs du projet de Résolution qui vous a été soumis.

Notre point de départ a été de faire ressortir tout ce qui a été tenté jusqu'à ce jour pour développer l'idée d'arbitrage parmi les nations, surtout en Europe, et d'indiquer ce qu'il y aura lieu de faire dans l'avenir.

Avant tout, je crois qu'il est de mon devoir de vous exposer le texte de cette Résolution :

> Considérant que, dans le courant du XIXe siècle un grand nombre d'Etats, en Europe et en Amérique, ont eu recours à l'arbitrage pour régler sans guerre des conflits sérieux, et se sont adressés, à cet effet, tantôt à des puissances neutres, tantôt même à des commissions ou à des particuliers, investis par eux du pouvoir de prononcer souverainement sur le litige ;
>
> Considérant que, pour rendre plus habituel et plus certain ce mode de procéder, il a été proposé souvent de lier les Etats disposés à l'employer par des traités généraux et permanents d'arbitrage ; que des négociations ont été engagées dans ce but entre la Confédération Helvétique et la République des Etats-Unis ;
>
> Considérant que les Gouvernements de la Grande Bretagne et des Etats-Unis ont conclu à Washington, le 11 janvier 1897, un Traité d'Arbitrage, et qu'il n'a manqué à ce traité, pour devenir définitif par l'approbation du Sénat Américain, que deux voix, nécessaires pour lui assurer la majorité exceptionnelle des deux tiers ;

Considérant que les Gouvernements du Royaume d'Italie et de la République Argentine, en 1898, se sont engagés par un Traité d'Arbitrage général, signé à Rome le 23 juillet de la dite année, à soumettre leurs différends à l'Arbitrage;

Considérant que le Ministre des Affaires Etrangères de la Russie a, le 30 décembre 1898, envoyé à tous les gouvernements dont les représentants sont accrédités à la Cour impériale, l'invitation de se réunir en Conférence de la Paix à La Haye pour prendre des décisions concernant la diminution des armements, l'allègement des maux qu'amène la guerre, et l'introduction de l'arbitrage facultatif en cas de litige;

Considérant que, le 29 juillet 1899, cette Conférence a déclaré, Titre IV, Chap. Ier, Art. 16 de ses Décisions, »que l'arbitrage est reconnu par les puissances signataires comme le moyen le plus efficace et en même temps le plus équitable de régler les litiges«; et qu'elle à réussi à instituer une Cour permanente d'Arbitrage international, dont le siège est à La Haye, et pour la constitution de laquelle la plupart des gouvernements ont nommé des représentants ou Arbitres, prêts à faire fonction de Juges;

Considérant que l'Espagne a conclu, les 17 et 28 février 1902, des Traités d'arbitrage, d'une part, avec les Républiques du Mexique et du Guatemala, d'autre part, avec la Bolivie, l'Argentine, la Colombie, le Paraguay, le Salvador, Saint Domingue et l'Uruguay; traités dans lesquels les parties contractantes se sont engagées à soumettre les différends qui pourraient surgir entre elles – dans le cas où la décision ne pourrait être remise à des juges – à la Cour permanente créée à La Haye en 1899, conformément au Chap. III du Titre IV des Conventions;

Considérant que l'Autriche-Hongrie et la Bulgarie ont, le 8 mars 1902, à Vienne, conclu une Convention Consulaire, dans laquelle, par un protocole final, il est dit que »les différends qui pourraient se produire touchant l'interprétation de cette convention devront, lorsque les moyens de les arranger directement par un accord amiable auront été épuisés, être réglés par voie d'arbitrage selon les principes établis à La Haye le 29 juillet 1899«;

Considérant qu'en octobre 1902 les chambres de la Confédération suisse ont pris un arrêté dans le même sens;

Considérant que, le 5 décembre 1902, la Chambre des Députés de Danemark a invité le gouvernement d'introduire dans tous les traités à conclure entre le Danemark et les autres Etats une clause portant que les litiges qui ne peuvent être réglés par la voie diplomatique soient soumis à la décision de la Cour permanente de La Haye;

Considérant que les Etats-Unis d'Amérique et les Etats-Unis Mexicains ont conclu le 22 mai 1902, au sujet du »Fonds Pieux des Californies«, un Compromis établissant que ce différend serait soumis à la décision de la Cour permanente d'Arbitrage international à La Haye et que cette Cour a rendu, le 10 octobre 1902, son arrêt qui a réglé définitivement la question en litige;

Considérant que le Gouvernement du Japon, d'une part, et les Gouvernements de France, d'Allemagne et de la Grande Bretagne d'autre part, ont conclu le 28 août 1902, à Tokio un Traité pour soumettre à la Cour permanente d'Arbitrage international à La Haye – un désaccord qui s'est produit entre ces Puissances touchant le sens réel et la portée des dispositions de quelques traités et autres engagements existant entre eux; – et que ce Tribunal d'Arbitrage est déjà composé de trois membres élus parmi les Membres de cette Cour; – la date de l'appel de la cause restant seule à déterminer;

Considérant que l'arrangement du dernier conflit entre le Vénézuela d'une part et l'Allemagne et la Grande Bretagne d'autre part, a dévolu une partie des différends (la priorité des dommages-intérêts) à la compétence du Tribunal de La Haye, qui doit être en outre saisi des réclamations de quelques autres puissances contre la République du Vénézuela;

La Conférence constate avec une vive satisfaction:

qu'une Cour permanente d'Arbitrage international existe depuis quatre ans à La Haye,

que divers Etats se sont engagés, dans le courant de l'année passée, à recourir à cette Cour,

que cette Cour est entrée effectivement en fonctions, le 10 octobre 1902, en rendant un arrêt dans un différend entre les Républiques des Etats-Unis et du Mexique;

et a l'honneur d'inviter tous les Etats qui ont signé à La Haye les Conventions du 29 juillet 1899 à insérer dans tous les traités qui le comportent la clause arbitrale,

à conclure même entre eux des Traités généraux d'Arbitrage,

et à s'adresser de préférence, en cas de litige, à la Cour permanente de La Haye.

Le Secrétaire Général de l'Union Interparlementaire pour l'Arbitrage International, M. le Dr. Gobat, Conseiller national à Berne, est chargé de communiquer cette résolution à tous les Gouvernements des Etats qui ont signé les Conventions arrêtées à La Haye, le 29 juillet 1899, de même à tous les Présidents des Groupes de l'Union Interparlementaire.

J'éprouve une grande satisfaction en vous disant tout d'abord que, depuis la dernière Conférence, tenue à Paris en 1900, la cause que nous représentons a fait des progrès considérables.

Je commence par la Cour permanente d'arbitrage international, qui a été fondée à La Haye, par l'initiative du Gouvernement Russe, le 29 juillet 1899.

C'est le 14 octobre 1902 qu'elle fut appelée à rendre son premier arrêt. Il s'agissait d'un litige entre les Etats-Unis d'Amérique d'une part, et les Etats-Unis du Mexique de l'autre; litige soulevé au sujet des »Fonds pieux des Californies«. Les juges étaient:

M. Hemming Matzen, professeur à l'Université de Copenhague, Conseiller à la Cour Suprême de Danemark.

Sir Edw. Fry, Docteur en droit (Grande Bretagne).

M. de Martens, Membre permanent du Conseil des Ministres, en Russie.

M. Asser, Membre du Conseil d'Etat des Pays-Bas.

M. de Savornin-Lohman, ancien Ministre de l'Intérieur (Pays-Bas), tous membres de la Cour permanente d'arbitrage.

Parmi les Juges, invités à titre de Jurisconsultes, se trouvaient M. M. Beernaert, Ministre d'Etat, et le Chevalier Descamps, qui se sont tout particulièrement distingués à la Conférence de la Paix, tenue à La Haye en 1899, le premier comme Président de la Première Commission, le second comme Rapporteur Général. M. Beernaert est le Président du groupe belge de l'Union Interparlementaire.

Dans la cause que je viens d'indiquer, la Cour Permanente a rendu, à l'unanimité, un arrêt suivant lequel les Etats-Unis du Mexique doivent payer aux Etats-Unis d'Amérique la somme de 1,420.682 dollars mexicains.

Depuis lors, – soit le 28 août 1902 – le Gouvernement du Japon d'une part, et les Gouvernements de la France, de l'Allemagne et de la Grande Bretagne d'autre part, ont signé à Tokio un traité d'arbitrage, à l'effet de déférer à la Cour permanente de La Haye un désaccord survenu entre ces Puissances, touchant le sens réel et la portée des dispositions de quelques traités et autres engagements existant entre eux.

En vertu dudit traité, le Tribunal d'Arbitrage se compose de trois membres choisis parmi les membres de la Cour.

Le Gouvernement du Japon a désigné Monsieur Motono, ministre plénipotentiaire à Paris; les Gouvernements français, allemand et britanique ont fait tomber leur choix sur Monsieur Louis Renault, professeur à la Faculté de droit à Paris. Ces deux arbitres ont nommé sur-arbitre Monsieur Gram, membre norvégien de la Cour permanente d'arbitrage. Les débats de la cause devant la Cour permanente ont été dernièrement ajournés à quelques mois.

Quant au différend existant entre plusieurs Etats de l'Europe et le Vénézuéla, pour le règlement de leurs réclamations, les Pays-Bas ont conclu avec cet Etat, à Washington, le 9 février 1903, un traité par lequel la Hollande s'engage à recourir à la Cour permanente de La Haye; ce qu'ont fait également la Grande Bretagne, l'Allemagne, l'Italie, les Etats-Unis d'Amérique, la France, l'Espagne, la Suède et la Norvège, et le Mexique. Les arbitres désignés par l'Empereur de Russie étaient, à l'origine: le Ministre Mourawieff (Russie), M. Matzen (Danemark), le Dr. Lardy (Suisse). Les deux derniers ayant décliné l'honneur de cette nomination, le choix de l'Empereur est tombé sur M. Lammasch (Autriche). Une nomination reste encore à faire. La première séance du Tribunal sur ce cas de litige aura lieu vers la fin du mois de septembre.

Je dois tous ces détails intéressants à la bonté de Monsieur L. H. Ruyssenaers, Ministre Plénipotentiaire, Secrétaire Général de la Cour permanente d'arbitrage. (*Très bien!*)

Ces succès nous confirment dans la conviction que nous devons poursuivre nos travaux. Nous n'avons encore fait que les premiers pas dans la voie qui conduira les Etats de l'Europe à se lier entre eux par la conclusion de traités d'arbitrage. Avant d'arriver à ce résultat, nous aurons à vaincre encore un tas de préjugés qui règnent parmi les hommes, même parmi les esprits supérieurs. Je dois parler avec ménagement de certains gouvernements, ainsi que de hauts fonctionnaires, civils et militaires.

Je constate avec plaisir que beaucoup d'Etats, surtout dans le nord de l'Europe, n'ont plus fait de guerres depuis 90 ans. La Suède et la Norvège donnent l'exemple du désarmement. En Norvège, l'école des recrues et les exercices militaires ultérieurs ne comportent que 132 jours. En Suisse, le service militaire est de 155 jours.

Le royaume de Belgique, fondé il y a 73 ans comme Etat neutre, n'a jamais fait la guerre.

Je regrette que, de toutes les grandes nations en Europe, l'Espagne seule n'ait pas formé un Groupe de l'Union Interparlementaire, tandis que le Portugal s'en est montré un fidèle partisan.

Les Etats de Norvège et de Danemark désirent, non seulement conclure des traités d'arbitrage, mais aussi déclarer leur neutralité perpétuelle.

Le Gouvernement et le Parlement français — depuis plusieurs années — se déclarent ouvertement en faveur du mouvement pacifique. Je me permets de nommer, parmi les plus zélés parlementaires, M. d'Estournelles de Constant, un des Juges français de la Cour Permanente de La Haye. Il est le Président du Groupe Parlementaire français de l'Arbitrage International.

Récemment, sur l'invitation du »Commercial Committee« de la Chambre des Communes, une fraction importante de ce Groupe s'est rendue à Londres. Dans une séance tenue dans cette capitale a été résolu à l'unanimité que l'on demanderait aux Gouvernements de la France et de la Grande Bretagne, de préparer les voies à une action commune tendant à établir un traité d'arbitrage permanent entre les deux nations.

Moi-même, à la Conférence de Paris en 1900, j'eus l'honneur de parler du haut de la tribune du Sénat, au Palais du Luxembourg, et de dire que nous devions tous remercier la France d'avoir, au

XIXe siècle, indroduit dans tous les Etats de l'Europe les idées de la Liberté, de l'Egalité et de la Fraternité. Et puis je me suis adressé à la France même en la priant de faire admettre, au cours du XXe siècle, le principe de la Légalité entre les Etats. Mes paroles ont trouvé le plus favorable accueil. (*Applaudissements.*)

Chers Collègues, permettez-moi d'aborder un autre sujet en vous indiquant ce qu'il faudrait faire pour atteindre notre but, qui est d'éviter les guerres et de travailler en faveur de l'arbitrage: il faudrait changer le programme des études qui y est suivi depuis des siècles. C'est une expérience à tenter: les enfants croient ce qu'on leur a appris à croire. Or, je vous le demande, quelle est la première lecture latine que les Gymnases et les Lycées imposent à des garçons de treize ans? — C'est l'ouvrage de Cornelius Nepos, qui ne traite que de batailles et de guerres, et où il est dit que le plus grand honneur auquel un homme puisse aspirer ici-bas, c'est de mourir en combattant pour sa patrie! — Et l'année suivante, qu'apprend ce même élève à quatorze ans? — Les guerres de conquête de Jules César dans les Gaules. On lui fait étudier les méthodes qui enseignent à jeter des ponts, à construire des routes, à s'exercer au maniement des armes afin de tuer l'ennemi plus aisément. (*Rires.*) Et quand notre jeune homme est entre quinze et dix-huit ans, que lui raconte-t-on de l'histoire de la Grèce classique, patrie des penseurs, des poètes et des orateurs? — Encore les guerres, toutes les guerres que se sont faites les nombreuses petites républiques, presque sans interruption. Il faut que le malheureux charge sa mémoire de quantité de noms de héros, de dates de batailles, etc. Ne serait-il pas enfin temps de changer tout cela dans les écoles? (*Très bien!*)

Nous avons été secondés dans nos aspirations par des personnes généreuses. Des cinq prix fondés par l'ingénieur Nobel, le dernier est destiné à celui »qui aura fait le plus ou le mieux pour l'œuvre de la fraternité des peuples, pour la suppression ou la réduction des armées permanentes, ainsi que pour la formation et la propagation des Congrès de la paix.« Ce prix a été partagé en 1901 entre deux lauréats: M. Frédéric Passy, le Nestor de notre Union, qui, depuis plus de quarante ans, combat sans relâche par la parole et par la plume, en poésie et en prose, pour le triomphe de notre idée.

L'autre part a été attribuée à M. Henri Dunant, fondateur de la Convention de Genève (la Croix Rouge), institution qui, en introduisant les principes de l'humanité et de la pitié dans le domaine de la guerre, signifie le premier pas vers son abolition. (*Bien!*) L'année suivante (1902) ce furent le Dr. Gobat, conseiller national à Berne, Secrétaire Général de l'Union Interparlementaire, et M. Ducommun, Secrétaire du Bureau International permanent de la Paix, qui eurent à se partager le prix. Tous deux, depuis plus de douze ans, travaillent gratuitement, avec le plus grand dévouement et la plus grande persévérance à l'œuvre qui, comme nous l'avons dit plus haut, répond aux intentions de Nobel. (*Bien!*)

Je ne puis passer sous silence les mérites de la Baronne Bertha Suttner. Tout le monde apprécie le dévouement infatigable qu'elle a montré depuis de longues années et le talent qu'elle a déployé pour la cause de la paix. Tout le monde aussi espère que prochainement, elle aura part au prix Nobel. J'ai lu moi-même la lettre que M. Nobel lui adressait de San Remo, le 7 janvier 1893:

»Chère amie . . . . je voudrais, par testament, disposer d'une partie de ma fortune en prix à distribuer . . . . à celui ou à celle (j'appuie sur »celle«, car cela prouve que M. Nobel pensait à la destinataire de sa lettre) — à celui ou à celle qui aura fait faire le plus grand pas d'avancement à la cause pacifique . . .« (*Très bien!*)

Une preuve que la cause de l'arbitrage trouve de l'appui dans toutes les parties du monde, c'est encore que, il y a quelques mois, le Ministre des Affaires Etrangères des Pays-Bas, a reçu du Ministre des Pays-Bas à Washington, un télégramme ainsi conçu: »L'avant-veille de son départ pour l'Europe, Monsieur Carnegie m'a écrit qu'il était heureux de pouvoir mettre un million et demi de dollars à la disposition du Gouvernement des Pays-Bas, pour palais et bibliothèque Cour d'Arbitrage.« (*Très bien!*)

Messieurs, je reviens à la Résolution que nous vous avons soumise. Quand il s'est agi d'en arrêter les termes, nous avons procédé avec la plus grande circonspection; nous avons pris l'avis de plusieurs présidents des groupes de l'Union. Nous avons adopté, pour le texte final, une formule qui prouve que nous ne sommes point des hommes téméraires, prêts à prendre d'assaut le Ciel, mais que nous nous bornons à demander qu'en temps utile, au cours des années à venir, on se conforme aux décisions consignées dans les conventions de La Haye.

Voici la 14e année que nous travaillons à la propagation de l'arbitrage entre les Etats. Nous avons tenu dix réunions: à Paris, Londres, Rome, Berne, La Haye, Bruxelles (deux fois), Budapest, Christiania, et à Paris une seconde fois, en 1900. Dans ces 14 ans, nous avons contribué à répandre l'idée d'arbitrage dans les Parlements de l'Europe. Nos travaux préparatoires ont été d'un grand secours au Gouvernement de la Russie, quand il s'est mis en devoir d'inviter tous les Etats possédant des agents diplomatiques à St. Pétersbourg, à une Conférence de la Paix, à La Haye en 1899; Conférence qui a créé la Cour permanente d'arbitrage international. (*Très bien!*)

Plusieurs Etats d'Europe, d'Amérique et d'Asie, lui ont déjà soumis leurs différends. Ainsi nous constatons avec la plus vive satisfaction que LA LÉGALITÉ INTERNATIONALE a été introduite dans le monde entier. Elle n'existe pas encore à titre obligatoire, comme entre les citoyens. C'est le dernier pas qui reste à franchir. Il appartient aux Gouvernements et aux Parlements de lui donner cette sanction suprême.

Messieurs, au nom du Groupe autrichien, je vous prie de voter la Résolution que j'ai l'honneur de vous présenter. (*Applaudissements prolongés.*)

M. LE PRÉSIDENT. — Le texte de la résolution a été distribué aux membres. Elle sera mise aux voix après la discussion.

Je donne maintenant la parole à M. Bajer, pour développer la proposition du groupe danois sur la pacigérance. (N° 2*b* de l'ordre du jour.)

M. FR. BAJER (DANEMARCK). — Le mot »pacigérance« ne figure pas encore dans le dictionnaire. Il a été employé pour la première fois par M. le Chev. Descamps, dans son livre »Le droit et la guerre«. Permettez que je lui emprunte le mot, mais en l'employant dans un autre sens, celui opposé au mot de »Belligérance«. (*Applaudissements.*) J'entends donc par pacigérance l'activité commune des Etats en vue de prévenir la guerre et de rétablir la paix. Il faut former une alliance pacigérante.

C'est le grand mérite de la délégation française à la Conférence de La Haye d'avoir fait inscrire le mot »devoir« à l'art. 27 de la Convention de La Haye. Cet article impose aux puissances signataires le devoir, en cas de conflits entre deux ou plusieurs Etats, de rappeler à ceux-ci que la Cour de La Haye leur est ouverte. Vous comprenez que l'accomplissement de ce devoir est souvent difficile. Quand un conflit vient à se produire entre de grands Etats voisins de petits Etats, l'appel de l'un de ces petits Etats invitant l'autre à s'adresser à la Cour de La Haye peut ne pas être entendu.

Voilà pourquoi dans l'intérêt de la paix et pour éviter la guerre, il est désirable que les puissances signataires forment une alliance pacigérante. L'autorité sera ainsi augmentée en même temps que la responsabilité sera diminuée à mesure que s'accroîtra le nombre des puissances unies.

J'ai donc l'honneur, au nom du groupe danois, d'inviter la Conférence interparlementaire à adopter notre résolution. En voici le texte:

> Considérant que l'art. 27 de la Convention pour le règlement pacifique des conflits internationaux, votée par la Conférence de La Haye de 1899, impose aux puissances signataires le »devoir«, dans le cas où un conflit aigu menacerait d'éclater entre deux ou plusieurs d'entre elles, de rappeler à celles-ci que la Cour permanente leur est ouverte; et
>
> considérant que l'accomplissement de ce devoir sera efficacement facilité si l'appel à l'arbitrage est fait par une alliance de puissances, puisque l'autorité en serait augmentée et la responsabilité diminuée, à mesure que s'accroîtrait le nombre des puissances alliées dans ce but;
>
> la Conférence interparlementaire exprime le désir que les puissances qui ont signé la dite Convention de La Haye s'entendent autant que possible pour agir en commun et, de la manière la plus pratique, à remplir l'obligation imposée par le dit art. 27. (*Applaudissements.*)

Ce ne sera là qu'un début modeste; mais nous saurons profiter de toutes les circonstances pour le développer. (*Applaudissements.*)

M. LE PRÉSIDENT. — La parole est à M. Gobat pour faire rapport sur l'insertion de la clause d'arbitrage dans les nouveaux traités de commerce. (N° 2*c* de l'ordre du jour.)

M. GOBAT (SUISSE). — La plus grande partie des traités de commerce seront ou pourront être dénoncés prochainement; ils seront remplacés par de nouveaux traités d'une durée probable d'une dizaine d'années. Les Conférences interparlementaires se sont de tout temps préoccupées de la position qui peut être faite aux différents Etats contractants, pour le cas où des conflits surgiraient entre eux. La Conférence de Berne de 1892 a posé le principe que l'on devrait dans tous les traités de l'espèce, traités de commerce, de propriété industrielle et artistique, etc., veiller à insérer la clause que tous les différends éventuels seraient soumis à l'arbitrage. Il a été donné suite à ce voeu dans un grand nombre d'Etats. Mais la clause relative à l'arbitrage est généralement trop vague, et ne précise rien quant à la procédure.

C'est une lacune à combler.

Car il est arrivé que même là où il a été donné suite à la résolution de la Conférence de Berne, la clause arbitrale n'a pas été respectée, sous prétexte que le cas de litige ne tombait pas sous l'application de cette clause bien que prévue dans le traité de commerce. Or il n'est pas admissible que l'interprétation de la clause arbitrale soit abandonnée à l'un des deux Etats, à ses prétentions et allégations arbitraires. Il n'est pas juste que l'un des Etats contractants puisse soutenir que telle difficulté ne rentre pas dans le cadre du traité qui les lie, et que par ce fait la clause arbitrale reste sans effet. Il faut qu'il y ait une autorité chargée de statuer même sur les questions préjudicielles, absolument comme en matière de procès civil, quand il y a discussion sur la compétence. On doit donc tracer, au moins d'une manière générale, la procédure à suivre. C'est l'objet de la résolution que nous vous proposons.

> La Conférence rappelle aux membres de l'Union interparlementaire la résolution suivante de la Conférence de Berne (1892):
>
> »La Conférence, considérant que la clause compromissoire dans les traités diplomatiques est le premier pas pour arriver à la négociation de traités d'arbitrage géné-

raux entre nations, dont on doit favoriser l'adoption par tous les Etats civilisés, invite ses membres à pourvoir à ce que la clause d'arbitrage soit insérée dans les traités de commerce et de protection de la propriété industrielle, littéraire et artistique, qui seront soumis à la ratification des parlements dont ils font partie«
et les invite à faire donner suite à cette résolution à l'occasion du renouvellement des traités de commerce ou de la conclusion de nouveaux traités.

La meilleure formule paraît être la suivante:

»Les parties contractantes conviennent de soumettre toutes les difficultés, auxquelles l'application du présent traité pourrait donner lieu, à l'arbitrage, conformément aux prescriptions de la Convention de La Haye pour le règlement pacifique des conflits internationaux, du 29 juillet 1899.«

Il s'agit simplement de substituer à la formule générale une formule plus spéciale et d'insérer dans les futurs traités une clause empêchant l'une des parties de se dérober à l'arbitrage, en convenant d'avance que la procédure sera celle déterminée pour la Cour de La Haye. (*Applaudissements.*) Je vous propose en conséquence d'adopter la résolution dont j'ai donné lecture.

M. LE PRÉSIDENT. — J'invite M. Gobat à présenter maintenant son rapport sur la question des bons offices. (N° 2*d* de l'ordre du jour.)

M. GOBAT. — Il s'agit de l'application de la Convention de La Haye du 29 juillet 1899, art. 2 et 3.

L'article 2 est un des plus importants sinon le plus important de cette Convention. Il prévoit une procédure de médiation et d'arbitrage pour le règlement de tous les conflits internationaux. Avant que l'arbitrage ne fonctionne, il y a des tentatives de conciliation entre les Etats en litige. C'est ce qu'on appelle la procédure de médiation ou des bons offices. L'article 3 dit que les Puissances non intéressées au conflit pourront offrir aux Etats en cause, même lorsque les hostilités auront déjà commencé, leur médiation ou leurs bons offices. Il est prévu que cette offre ne pourra être considérée comme un acte peu amical. Or, à propos de la guerre du Transvaal, il est arrivé qu'après que les hostilités avaient commencé, le Président Mac Kinley avait laissé propager la rumeur qu'il était disposé à intervenir en offrant au gouvernement britannique ses bons offices. Lorsque le gouvernement britannique eut connaissance de la chose, il fit savoir — non officiellement il est vrai — que l'intervention du Président Mac Kinley serait considérée par lui comme un acte peu amical. Dans ces conditions, l'offre de médiation de la République des Etats-Unis devait nécessairement échouer.

Nous pensons que l'on ne peut interpréter ainsi l'article 3 de la Convention de La Haye. Le gouvernement britannique, dans sa réponse officieuse, prétendait que l'offre des bons offices ne peut être considérée comme amicale, que lorsque ces bons offices sont réclamés par des Etats signataires de la Convention de La Haye, mais que lorsqu'ils sont réclamés par des Etats non signataires, ils ne peuvent être considérés comme un acte amical. En d'autres termes, le gouvernement britannique se prévalait, pour repousser les bons offices, de ce que le Transvaal n'avait pas signé la Convention de La Haye. On sait que celui-ci a été exclu de la Conférence.

A mon avis cette interprétation ne peut pas être admise comme conforme à nos principes modernes du droit des gens. Pour interpréter le texte de la Convention de La Haye il faut d'abord rechercher les motifs invoqués à l'appui des textes à interpréter. Or à cet égard dans les débats de la 3e commission, qui avait à s'occuper de la question du règlement pacifique des conflits internationaux, il a été posé des principes avec lesquels l'interprétation anglaise se trouve en contradiction.

Je cite d'après le rapport de la 3e commission.

»L'usage des bons offices et de la médiation trouve sa justification générale dans les rapports qui lient les uns aux autres les membres d'une société internationale composée d'Etats civilisés, dans le caractère de mesure extrême que revêt la lutte armée comme moyen de solution des différends internationaux, dans l'intérêt général qui s'attache au maintien de la paix. Les troubles profonds que peuvent produire les guerres modernes dans les relations de tous les Etats rendent plus nécessaire encore de nos jours l'emploi des bons offices et de la médiation, soit pour prévenir, soit pour apaiser les conflits armés.«

»Par cela même que les bons offices affectent la forme de gracieuse entremise et se meuvent dans la sphère des conciliations amiables, ils ouvrent en eux-mêmes le double avantage de laisser pleinement intacte l'indépendance des Etats auxquels ils s'adressent et de se prêter non seulement au règlement des conflits de droit mais aussi à l'arrangement de conflits d'intérêts.«

»Quant au pouvoir d'offrir les bons offices, il constitue un droit fondé sur la liberté des Etats et qui se confond dans bien de cas avec le droit pour eux de veiller à leur propre intérêt et à leur bien comme membres de la société pacifique des nations. Pour trouver un correctif à ce droit, il faut non pas contester son existence, mais considérer la faculté correspondante de refuser les offres proposées. Cette faculté doit être en tous cas sauvegardée.«

Ainsi l'offre des bons offices est proclamée droit formel des Etats.

Je lis plus loin dans le procès-verbal de la Conférence de La Haye:

»Malheureusement cette offre elle même ne laisse pas d'être entourée souvent de tels obstacles, que les Etats les plus sincèrement animés du désir de concourir à la sauvegarde de la paix sont amenés à se réfugier dans une complète inaction; dans ces conditions, il importe beaucoup de reconnaître d'avance et sans ambages, au nom de tous, le caractère de démarches utiles aux tentatives courageuses et honorables faites pour prévenir les luttes armées entre les Etats. Les bonnes volontés sont moins paralysées, les froissements sont en quelque sorte prévenus, et les intérêts généraux seront les premiers à profiter d'une situation mieux éclaircie pour tous dans cet ordre«.

La délégation anglaise à proposé, quant au tribunal permanent d'arbitrage, que tout Etat quoique n'étant pas des Puissances signataires, pourra avoir recours au tribunal dans les conditions prescrites par les règlements. Comment donc le Gouvernement anglais peut-il alléguer qu'un Etat de cette catégorie ne peut pas invoquer les bons offices?

M. Renault, à la séance du 28 juillet, a dit que la convention n'est pas une convention fermée.

Il a ajouté:

»Eh bien! Les auteurs de cette convention doivent nécessairement désirer que toutes les Puissances, même celles qui ne seront pas représentées ici, s'associent à cette oeuvre d'intérêt général.«

»Maintenant surtout, comme la convention ne renferme aucune clause d'arbitrage obligatoire, ils doivent désirer que, dans le cas de conflit entre des Puissances non représentées à la Conférence ou entre l'une d'elles et une Puissance qui y est représentée, la convention porte les mêmes fruits que lorsqu'il s'agit d'un conflit entre des Puissances contractantes.«

Ne dirait-on pas que M. Renault prévoyait l'objection dont le gouvernement britannique s'est emparé et qu'il tenait à la combattre d'avance?

Il résulte donc des délibérations de la Conférence de La Haye que le rapporteur et l'assemblée elle-même ont basé l'offre des bons offices sur le principe absolument général de la solidarité politique.

Un membre, M. Vielkovitch, avait même proposé de dire que le refus des bons offices ne pourrait pas être considéré comme un acte peu amical. Si l'on n'adopta pas cette proposition, c'est tout simplement qu'elle allait de soi, et que ni l'offre ni le refus des bons offices ne pourrait être considéré comme un acte peu amical.

Les extraits que je vous ai lus suffisent pour prouver que, dans l'esprit des auteurs de la Convention, jamais on ne peut considérer comme peu amicale une démarche ayant le caractère de bons offices. Toute autre manière de les interpréter serait un non sens. Car il s'agit ici d'un acte de solidarité, de l'accomplissement d'un devoir envers soi-même et envers les autres. Il s'agit surtout d'un principe; or les principes ne sont pas une tête de Janus, ayant une figure dans un sens et une grimace dans l'autre. Ils sont uns et indivisibles. Il est d'autant plus nécessaire d'établir nettement le caractère toujours amical de l'offre des bons offices, que si la médiation pouvait dans un cas quelconque être considérée comme une insulte, chacun hésiterait à proposer les bons offices. Or c'est ce qu'il faut éviter, l'excellente procédure dont il s'agit devant être favorisée dans la plus large mesure possible. (*Applaudissements.*)

Nous vous proposons donc la résolution suivante:

»Attendu qu'aux termes de l'art. 27 de la Convention pour le règlement pacifique des conflits internationaux signée à La Haye le 29 juillet 1899, les Puissances signataires considèrent comme un devoir, dans le cas où un conflit aigu menacerait d'éclater entre deux ou plusieurs d'entre elles, de rappeler à celles-ci que la Cour permanente leur est ouverte, et déclarent en conséquence, que le fait de rappeler aux parties en conflit cette disposition, et le conseil donné, dans l'intérêt supérieur de la paix, de s'adresser à la Cour permanente, ne peuvent être considérés que comme actes de bons offices;

attendu que, si l'offre des bons offices est imposée aux puissances signataires comme un devoir, cet acte constitue par lui-même une obligation morale et un principe du droit des gens;

considérant qu'au point de vue philosophique et éthique, comme au point de vue du droit et de la justice, les obligations morales et les principes du droit des gens ont, un caractère immuable et ne peuvent changer de caractère par le fait qu'ils sont invoqués par ou pour un Etat qui n'a pas signé la Convention dans laquelle ces obligations et principes ont été posés;

la Conférence estime que l'offre des bons offices ne peut en aucun cas et quels que soient les Etats auxquels ou pour lesquels elle s'adresse, être considérée comme un acte peu amical et exprime l'espoir que les Etats rempliront le devoir que l'art. 27 susmentionné leur impose dans tout conflit, même si les parties litigantes ou l'une d'elles n'avaient pas signé la Convention de la Haye.« (*Applaudissements.*)

M. le Président. — La parole est maintenant à M. Beernaert qui traitera dans un exposé les numéros 2 *e*) et 2*f*) de l'ordre du jour.

M. Beernaert. — Messieurs, on a bien voulu me charger de vous faire rapport sur les faits considérables qui se sont produits récemment en Amérique, au point de vue de l'arbitrage international, et je m'acquitte d'autant plus volontiers de cette tâche, qu'ils ont abouti à des résultats que nous devons saluer avec joie.

On sait, — mais souvent on l'oublie, — que le traité de La Haye constitue une convention fermée. Aux termes de l'art. 59, les Etats représentés à La Haye, et qui n'auraient pas signé le traité, demeuraient libres de le faire ensuite; mais l'art. 60 stipule expressément que les Puissances non invitées à la Conférence, n'y pourraient adhérer qu'en vertu d'une convention nouvelle, nécessitant l'accord de tous les contractants.

Le contraire avait été proposé par plusieurs, — j'étais du nombre, — et l'on ne nous opposait pas de bien bonnes raisons, mais ces raisons étaient d'ordre politique, et cela les dispensait d'être bonnes. (*On rit.*)

Parmi les Etats Américains, deux seulement avaient été invités à la Conférence: c'étaient la grande république des Etats-Unis et le Mexique; on avait laissé de côté la République Argentine dont le développement n'est proportionnellement pas moins rapide que celui des Etats-Unis, le Brésil, grand comme l'Europe, le Chili, presque européen de mœurs et de culture. — On disait alors que c'étaient les Etats-Unis qui ne désiraient pas que l'Amérique du sud se rattachât à l'Europe par de nouveaux liens. Peut-être étaient-ce là des potins; mais toujours est-il que cette exclusion n'a pas été expliquée.

Or, voici que dans un Congrès réuni à Mexico, sur la proposition des Etats-Unis, toute l'Amérique a demandé à adhérer au traité de La Haye; et certes aucun événement plus considérable ne pouvait se produire dans l'intérêt de la grande idée du maintien de la paix dans le monde par l'institution de l'arbitrage.

C'est l'histoire sommaire de ce fait que j'ai mission de vous exposer.

Il y a longtemps que les Etats-Unis ont inscrit, parmi les articles fondamentaux de leur programme, l'indépendance absolue des trois Amériques, de l'Europe, et leur propre hégémonie. La célèbre déclaration de Monroë date déjà de 1823. Clay d'abord, Blaine ensuite ont repris cette thèse avec passion et talent.

Mais leur voix fut d'abord assez peu entendue. Sans doute les Etats-Unis applaudirent aux révolutions par lesquelles presque toute l'Amérique s'affranchit de la domination européenne et abolit la forme monarchique, mais ce ne furent guère que des encouragements platoniques.

Lorsqu'en 1825—1826, un premier essai de Confédération fut tenté, — vainement d'ailleurs, — entre l'Amérique Centrale, le Pérou, le Mexique et la Colombie, les Etats-Unis n'y prirent aucune part. Quelques années plus tard, eux-mêmes s'annexèrent, par voie de conquête, une grande partie du Mexique.

Toute l'Amérique était d'ailleurs en proie à des luttes intestines, et ce fut en vain que se tinrent en 1847, en 1864, en 1878, en 1880, des Conférences interaméricaines en faveur de la paix.

Un homme de puissant vouloir et de génie, que l'on a pu qualifier de Bismarck américain, – Blaine, – reprit, au nom des Etats-Unis, l'idée d'une Union Américaine de la Paix. En 1881, tous les Etats des trois Amériques furent invités à se faire représenter à un Congrès qui devait se réunir à Washington le 15 mai 1882. Mais ce projet fut froidement accueilli par le Congrès des Etats-Unis, qui ne vota pas les crédits nécessaires, et bientôt la mort tragique du Président Garfield le fit oublier.

Mais Blaine n'avait pas abandonné son plan. Déjà, en 1884, il disait: »Il nous faut une politique Américaine. Laissons l'Asie et l'Afrique à l'Europe, mais à nous l'Amérique!« – En 1889, au lieu d'accepter la Présidence de la République que lui offrait son parti, il fit élire Harrison, se contentant pour lui-même du poste plus modeste, mais plus pratiquement efficace, de Secrétaire d'Etat.

Aussitôt le projet d'une Conférence Panaméricaine fut repris, et on lui assigna pour but l'établissement, entre tous les contractants, de l'arbitrage obligatoire en toutes matières, sous la seule réserve du cas où un Etat considérerait que son indépendance pouvait être mise en péril.

Quinze Etats répondirent à l'invitation des Etats-Unis. C'était toute l'Amérique, sauf St. Domingue, qui l'avait déclinée, Haïti et le Paraguay qui arrivèrent trop tard. Et la mise en scène fut aussi brillante que l'on pouvait s'y attendre. On promena les plénipotentiaires à travers les Etats-Unis. Il y eut des fêtes somptueuses. M. Blaine prononça un grand discours, montrant ce qu'un continent déjà peuplé de 120 millions d'habitants, et pouvant donner place à un milliard, devait devenir grâce à une politique d'union. Il ne disait pas: d'unification, mais ses ouvertures furent écoutées avec une grande méfiance. Derrière le but officiellement annoncé, on entrevoyait le projet autrement grave d'une union douanière qui semblait devoir être toute au profit des Etats-Unis, et qui peut-être ne serait qu'un prologue.

Il y a là en effet des difficultés presque insurmontables. Entre les Amériques du Nord et du Sud, il n'y a pour ainsi dire pas de modes directs de communications. Pour aller de Valparaiso, de Buénos-Ayres, de Rio, à New-York, le plus court chemin est de passer par l'Europe; et même l'ouverture du Canal de Panama ne pourra modifier cet état de choses que pour les rives du Pacifique.

L'Amérique Latine achète annuellement à l'étranger pour deux milliards de francs, et dans ce chiffre considérable, les Etats-Unis n'entrent que pour 18 %. Leur part n'est même aussi élevée que grâce à l'importance relative de leurs relations commerciales avec les contrées voisines du Golfe du Mexique (48 %). Au Chili, au Brésil, à Buénos-Ayres, les transactions des Etats-Unis se chiffrent par une soulte à payer de 750 millions par an en moyenne. Comment dès lors demander à l'Amérique du Sud de changer tout cela, de donner la préférence aux produits plus chers des Etats-Unis, de sacrifier ses relations avec l'Europe et son marché de 350 millions de consommateurs, et, du même coup, de renoncer aux capitaux européens, dont on a le plus absolu besoin.

Les défiances étaient donc naturelles, et elles furent si marquées, qu'on ne parla guère d'une Union douanière, d'ailleurs mal vue, même aux Etats-Unis, par les groupes protectionnistes; et on se rabattit sur l'arbitrage, avec la formule obligatoire, que déjà j'indiquais tout à l'heure: tout différend devait être soumis à des arbitres, sauf si le litige était de nature à mettre l'indépendance en péril.

Le 28 avril 1890, il fut conclu des traités en ce sens, entre neuf pays, mais, si je suis exactement renseigné, un seul fut ratifié, celui du Brésil, en 1892.

Les résultats pour ainsi dire négatifs de la réunion de 1889, se réduisirent en réalité à l'institution pour dix ans, d'une Union internationale des Républiques Américaines, représentée par un Bureau, dont le siège fut fixé à Washington et qui n'a produit qu'assez peu de chose.

En 1899, le Président MacKinley proposa une nouvelle Conférence pour reprendre l'examen du programme de 1889, et il demanda qu'elle se réunît à Mexico. Les circonstances semblaient peu favorables, car l'Amérique Centrale était en proie à la guerre, et la défiance qu'inspiraient les Etats-Unis n'avait pas diminué.

On accéda cependant au désir de la grande République et, le 15 août 1900, M. Mariscal, ministre des Affaires Etrangères du

Mexique, lança, au nom de son gouvernement, les invitations au Congrès. Elles ne reçurent pas précisément un accueil empressé. Divers Etats trouvaient le programme trop général et demandaient qu'il fût précisé. A d'autres égards, les vues étaient fort opposées. — La Bolivie et le Pérou voulaient que l'arbitrage ne fût pas seulement obligatoire, mais qu'on le rendît rétroactif, et l'on comprend par quel mobile. Le Brésil admettait l'obligation, mais repoussait la rétroactivité. D'autres voulaient donner à l'arbitrage un caractère exclusivement facultatif. — Ces discussions se prolongèrent jusqu'en octobre 1901, date des dernières acceptations.

Le Congrès enfin réuni, les Etats-Unis proposèrent un traité d'arbitrage exclusivement Panaméricain, analogue à celui de La Haye, mais devant rester indépendant de celui-ci, et qui aurait trouvé son expression dans une commission arbitrale permanente, dont le siège aurait été évidemment à Washington. Mais ce projet ne fut pas admis, et après des débats prolongés, le Congrès a décidé que les divers Etats d'Amérique non signataires du traité de La Haye, demanderaient individuellement à y être admis, le Mexique et les Etats-Unis étant chargés de négocier cette affiliation.

Ce document important consiste en un protocole d'adhésion aux conventions de La Haye et porte la date du 15 janvier 1902.

Il semble utile d'en lire les dispositions essentielles dans leur texte français:

»Art. 1. — Les Républiques Américaines . . . non signataires des trois conventions signées à La Haye le 29 juillet 1899, reconnaissent les principes qui y sont consignés comme faisant partie du droit public international américain.«

Quoi qu'il arrive, voilà donc un résultat acquis.

»Art. 2. — L'adhésion, en ce qui touche les conventions qui ont le caractère »ouvertes«, une fois ratifiée par les gouvernements respectifs, sera communiquée par ceux-ci . . . au gouvernement des Pays-Bas, pour en appliquer les effets.«

Cela n'était possible, en effet, que pour les conventions ouvertes; mais l'art. 3 charge les Etats-Unis et le Mexique de traiter »de l'adhésion des autres Etats d'Amérique au règlement pacifique des conflits internationaux«, et l'art. 4 confère à cet égard, au Président de la République Mexicaine, un mandat tout spécial.

Ces dernières résolutions sont fondées sur ce qu'il est notoirement d'intérêt général que les différends à arbitrer soient soumis à une juridiction de l'importance de celle de La Haye et que »les nations Américaines non signataires de la convention qui créa cette institution bienfaisante, puissent y avoir recours à titre d'un droit reconnu et accepté«.

Rien donc, Messieurs, de plus satisfaisant et je crois pouvoir affirmer que chacun, dans nos pays respectifs, nous soutiendrons énergiquement les vœux de Mexico. (*Approbation.*) Il ne se concevrait vraiment pas qu'il y eût désormais dans le monde deux grands groupes de nations qui, consacrant en matière d'arbitrage les mêmes principes, seraient cependant conventionnellement étrangers l'un à l'autre et ne se toucheraient que par deux éléments communs. (*Marques unanimes d'approbation.*)

Vos applaudissements disent que tous vous estimez donc qu'il est désirable que le protocole de La Haye soit rouvert et complété par l'adhésion de l'Amérique entière, et ce vœu unanime donnera assurément une grande force à l'action que nous aurons à exercer sur nos gouvernements. (*Nouvelle et bruyante approbation.*)

Si le Congrès de Mexico n'a pas admis le projet complexe de traité d'arbitrage obligatoire, que les Etats-Unis proposaient de conclure entre tous les Etats d'Amérique, des conventions spéciales en ce sens ont été signées par la plupart des nations représentées au Congrès, et leur formule, remarquablement large, va au-delà de ce qui avait été inutilement demandé à La Haye. La jeune Amérique nous donne là d'excellents exemples que nous devrions nous empresser de suivre. (*Bravos.*)

Il y a désormais obligation pour les parties contractantes, de soumettre à l'arbitrage »tous les litiges qui existent ou existeraient entre elles, et ne pourraient se résoudre par la voie diplomatique«. — Exception n'est faite que pour le cas où, d'après l'appréciation de l'une des parties intéressées, le conflit affecterait l'indépendance ou l'honneur national, — ou, d'après d'autres traités, pour »les litiges qui concerneraient la constitution nationale«.*)

---

*) »en cuanto no afecten a los preceptos de la Constitucion de uno o altro pais.«

Mais l'art. 2 établit cette règle d'extrême importance pratique, que »les litiges qui concernent les privilèges diplomatiques, les limites, les droits de navigation et leur validité, l'interprétation et l'accomplissement des traités, ne seront pas considérés comme compromettant l'indépendance et l'honneur nationaux«.

On est donc allé, dans la voie de l'arbitrage obligatoire, aussi loin que possible, et plus loin peut-être qu'en Europe on est disposé à le faire.

Et à cela ne se borne pas encore l'oeuvre de Mexico.

L'art. 3 du traité soumet dès à présent les conflits éventuels à la Cour de La Haye, avec son organisation et sa procédure, pour le cas où une juridiction spéciale n'aurait pas été préférée.*)

On prévoit aussi le cas où la Cour permanente ne se prêterait pas au rôle qu'on désire lui assigner, et, en vue de cette éventualité, le traité reprend et consacre toutes les dispositions essentielles, de la Convention de La Haye: tribunal composé de trois arbitres, dont le troisième à désigner par les deux autres, et au besoin par le chef d'un autre Etat (art. 5) — obligation de recourir d'abord à la médiation ou aux bons offices d'une puissance amie (art. 6) — déclaration que l'intervention pacificatrice d'une autre puissance ne peut jamais être considérée comme un acte peu amical (art. 7) — en cas de divergences d'appréciation sur des points de fait, recommandation d'instituer une commission internationale d'enquête (art. 13); — et ainsi de suite.

C'est dans ces conditions, Messieurs, que déjà l'arbitrage international existe, comme institution obligatoire entre la plupart des Etats de l'Amérique. (*Bravos.*)

Et il a été arrêté à Mexico un autre instrument encore et qui ne mérite pas moins notre attention. Sous la date du 30 janvier 1902, dix-sept Etats, — c'est-à-dire tous ceux qui étaient représentés à Mexico, sauf le Brésil,**) se sont obligés à soumettre à l'arbitrage, le règlement de tous différends relatifs à des citoyens de tous pays, portant sur quelque dommage ou préjudice subi, du moment où la

---

*) Art. 26 du traité de La Haye.

**) République Argentine, Bolivie, Colombie, Costa-Rica, Chili, St. Domingue, Equateur, Etats-Unis, Guatémala, Haïti, Honduras, Mexique, Nicaragua, Paraguay, Pérou, Salvador, Uruguay.

réclamation est d'importance suffisante pour couvrir les frais de semblable procédure.

Le Congrès de Mexico a eu pour le développement de l'arbitrage, une conséquence plus imprévue. L'Espagne, qui venait de perdre à Cuba sa dernière possession d'Amérique, fut à Mexico l'objet de témoignages de vive sympathie, de la part des Républiques de langue espagnole, et parfois, à Washington, on trouva même l'expression un peu indiscrète. — Des pourparlers s'engagèrent et il en résulta une série de traités rendant l'arbitrage obligatoire entre l'Espagne et la plupart de ses anciennes colonies. La plupart ont été ratifiés avec un empressement qui n'est pas toujours dans les habitudes américaines.*) — On pourrait se livrer à ce sujet à des déductions plus ou moins philosophiques, mais elles ne sont pas de notre domaine, et j'ai d'ailleurs déjà abusé de votre attention. (*Non! non! continuez!*)

Comme vous venez de le voir, Messieurs, un grand, un très grand pas vient d'être fait dans le sens des saintes idées de paix qui nous réunissent, et c'est de coeur que nous y applaudissons.

Mais il convient aussi de tirer de ces faits encore tout récents, une leçon pratique à notre profit.

Voici donc que les Américains partageront avec nous, — directement ou indirectement — tous les avantages résultant de l'institution de La Haye: bureaux permanents, organisation établie, procédure réglée jusque dans ses détails, liste d'arbitres soigneusement composée. Comme nous, ils auront affirmé des principes importants, devenus de droit international, tels que ceux relatifs à la médiation, aux bons offices, aux commissions d'enquête. Et de plus que nous, avant nous, l'Amérique aura le profit matériel et moral de la règle capitale de l'arbitrage obligatoire pour la presque universalité des litiges.

Nous laisserons-nous ainsi devancer? Et pourquoi ne procéderions-nous pas par voie de traités spéciaux, comme on l'a fait à Mexico? La Convention de La Haye n'y fait nul obstacle, et lors de la Conférence déjà, il avait été question de conventions spéciales entre les petits Etats, qui rendraient entre eux l'arbitrage obligatoire pour la plupart des litiges. Depuis, j'ai entretenu la Chambre Belge

---

*) Le traité avec le Mexique a été ratifié le 11 janvier 1902; celui avec le Salvador en septembre 1902; avec le Guatémala, en octobre; avec l'Uruguay, en novembre; avec la République Dominicaine et la Colombie, en janvier 1903.

de cet objet,*) et notre Ministre des Affaires Etrangères s'est déclaré très sympathique à un accord de ce genre. J'étais d'ailleurs sûr d'avance qu'il en serait ainsi, car, bien avant les traités de La Haye, la Belgique a inséré dans diverses conventions internationales, l'obligation du recours à l'arbitrage.

Ici encore le concours d'une Assemblée telle que celle-ci, peut être puissamment utile. Elle a le droit d'être écoutée. Ce n'est vraiment pas chose banale de voir des hommes, appartenant à vingt nationalités différentes, se réunir au loin, sans aucun intérêt personnel, sans la moindre préoccupation d'amour-propre national, dans une seule et même pensée de progrès et de paix. (*Applaudissements.*) Nous donnons là, Messieurs, au monde un spectacle nouveau, et vraiment, c'est un grand spectacle. (*Nouveaux applaudissements.*)

Le moment est particulièrement favorable à nos idées. Notre Président, dans son beau discours d'ouverture, a rappelé le fait de la récente visite, à Londres, de Parlementaires français et qui bientôt sans doute, sera rendue à Paris. Sans exagérer les conséquences qu'on en peut attendre, c'est assurément là un signe des temps. Partout la notion de l'arbitrage par la paix se popularise. Et voici encore un fait récent et peu connu, qui l'indique.

Connaissez-vous beaucoup l'Empereur de Corée? Non, je pense. — On parle peu de lui, sauf peut-être chez ses voisins de Russie et du Japon, qui semblent le considérer avec trop d'intérêt. (*On rit.*) Hé bien, lui aussi demande à être admis dans la Convention de La Haye. (*Marques d'attention.*) Il nous faut aider tous ces bons vouloirs. Nous devons dire, et dire bien haut, que la même loi d'entente doit s'étendre à toute la terre, que la simple faculté de recourir à l'arbitrage avait à peine besoin d'être inscrite dans un traité, et qu'il en faut faire une obligation, au moins dans la grande majorité des cas. (*Applaudissements.*)

Messieurs, je tiens que ces applaudissements s'adressent non à moi, mais à ce que je viens de dire, et qu'ils constatent à cet égard notre complet accord. (*Nouveaux applaudissements.*)

Messieurs, pour que le rapport que j'ai à vous faire sur le Congrès de Mexico soit complet, il faut encore que je vous dise

*) Séance du 22 mars 1902.

quelques mots des autres résultats auxquels cette Assemblée a abouti et qui, à plus d'un point de vue, sont dignes d'une sérieuse attention.

Indépendamment de l'adhésion donnée à la Convention de La Haye, des traités spéciaux d'arbitrage et de la Convention relative aux réclamations pécuniaires des citoyens, il a encore été émis vingt résolutions ou vœux, formant l'objet d'autant d'actes séparés.

Ne vous effrayez pas; je n'en dirai que quelques mots.

I. Vœu de voir établir une Banque interaméricaine, ayant des succursales dans les principaux centres commerciaux, de manière à développer les relations commerciales de toutes les Amériques, notamment en assujetissant à des règles uniformes, les ouvertures de crédit et l'encaissement des commissions.

Il est certain que les relations commerciales des Continents du Nord et du Sud, trouvent de grands obstacles dans la diversité des langues, des monnaies, des usages commerciaux. — C'est pourquoi elles se développent relativement peu; mais c'est aussi pourquoi il n'y a pas de grande Banque interaméricaine. Pour qu'elle s'établisse, aura-t-il suffi d'en affirmer l'utilité? Cela peut paraître douteux.

II. Autre vœu non moins important; et qui date de loin, au sujet de la construction d'un chemin de fer qui devrait réunir les trois Amériques, en partant du Labrador pour aboutir à Buénos-Ayres, et que complèteraient de vastes embranchements.

Déjà, en 1894, des études préparatoires avaient été faites à ce sujet, jusqu'aux limites de la République Argentine; c'est une colossale entreprise, nécessitant un énorme capital, mais qui créerait sans doute des courants de trafic tout nouveaux.

Les Etats-Unis ont ce projet fort à cœur, et cela se comprend. — Ils se sont chargés de provoquer le complément des études nécessaires, et une nouvelle réunion doit avoir lieu pour en examiner les conclusions.

III. Tout en respectant le système douanier de chaque pays et la perception des droits fiscaux qui lui sont propres, on voudrait unifier et simplifier les règles en matière de douanes, de déclarations, de transit, et organiser une commission permanente des douanes. Ce doit être l'objet d'un nouveau Congrès spécialement douanier, et la date qui avait été fixée est déjà dépassée.

IV., V., VI. On a arrêté d'avance certaines instructions à donner à ce Congrès quant à des progrès qui semblent désirables. — Il devra notamment s'occuper d'établir ou de faire établir une nomenclature synonyme des termes commerciaux, dans les quatre langues, anglaise, française, espagnole et portugaise, tâche déjà, pour une bonne partie, réalisée par le Bureau de Washington. Ce bureau doit lui-même être réorganisé et le Congrès a, notamment, émis le vœu de voir tous les Etats d'Amérique lui fournir les renseignements nécessaires, en les établissant autant que possible sur des bases uniformes.

VII. Résolution portant sur l'échange de toutes les publications officielles, parlementaires, statistiques, ainsi que des ouvrages et cartes, publiés ou subventionnés par les gouvernements.

VIII. Institution d'une Union interaméricaine pour la protection, sur des bases très larges, de la propriété artistique et littéraire.

IX. Même Union pour les brevets d'invention, les modèles et dessins industriels, et les marques de fabrique et de commerce. — Les étrangers domiciliés en Amérique jouiraient, à cet égard, de la même protection que les nationaux.

X. Vœu plus vaste encore pour la préparation de deux codes internationaux, l'un de droit public, et l'autre de droit privé; codes qui règleraient désormais toutes les relations interaméricaines.

Déjà il a été décidé que cette grande tâche serait confiée à une commission de sept jurisconsultes de renom, dont cinq Américains et deux Européens.

XI. Vœu relatif à l'établissement de mesures uniformes de police sanitaire.

XII. Vœu quant à l'unification du droit qui régit les étrangers.

XIII. Convention relative à l'exercice des professions libérales. Désormais les diplômes et titres, *réciproquement acceptés*, produiront effet dans toute l'étendue de l'Union.

Puis, d'autres objets encore:

XIV. Un traité d'extradition, comportant des mesures de protection contre les anarchistes.

XV. Un vœu pour la constitution d'une commission archéologique interaméricaine.

XVI. Un vœu pour le développement du Musée commercial de Philadelphie, et obligation de lui remettre tous les renseignements désirables.

XVII. Vœu de voir les Républiques de langue espagnole assurer la publication du »Dictionnaire de la construction et du régime de la langue espagnole, de Rufino Cuervo, sujet colombien«, qui, faute de ressources, n'est arrivé qu'à son second volume.

Enfin, XVIIIe Résolution: de réunir, au bout de cinq ans, une nouvelle Conférence interaméricaine, dans un lieu à désigner.

XIX. Décision de réunir à New-York, et à bref délai, une commission spéciale pour l'étude »de la production, de la distribution et de la consommation du café«,

et XX. Convention spéciale du 21 janvier 1902, quant à la réunion à Rio Janeiro, d'un Congrès ayant pour objet l'étude et l'établissement de voies navigables entre l'Orénoque et La Plata, projet gigantesque, très réalisable, paraît-il, et qui ouvrirait au trafic d'immenses contrées, aujourd'hui pour ainsi dire absolument inconnues.

Voilà, Messieurs, quelle a été la vaste tâche du Congrès de Mexico. Sans doute, en plus d'un point, elle n'a abouti qu'à une sorte de table de matières, ou mieux, à un programme. Mais c'est quelque chose, assûrément, que de voir aborder d'un coup, dans le même esprit d'union, pour ne pas dire d'unification, presque tous les problèmes dont le monde civilisé est en travail, avec la volonté exprimée de les résoudre à bref délai.

L'Europe n'est peut-être pas assez attentive à tout cela. Qu'elle n'oublie pas qu'elle a en face d'elle un monde jeune, entreprenant, dont les progrès sont marqués par des pas de géant, qui n'a pas les charges financières accumulées de notre vieux continent et sur lequel ne pèse pas le fardeau vraiment excessif de notre organisation militaire. *Caveant consules!* (*Applaudissements prolongés.*)

M. LE PRÉSIDENT. — Je propose à l'assemblée de remercier les différents rapporteurs pour le talent et l'érudition avec lesquels ils ont présenté leurs rapports (*Applaudissements*) et notamment M. Beernaert dont l'éloquence magistrale a justement provoqué l'admiration générale. (*Vifs applaudissements.*)

Nous aborderons demain la discussion de ces rapports.

La séance est levée à midi 45 et renvoyée au lendemain, mardi 8 septembre, à 10 heures du matin.

SÉANCE DU MARDI 8 SEPTEMBRE.

La séance est ouverte à 10 heures du matin sous la présidence de S. E. M. de Plener.

M. le président. — J'ai l'honneur de porter à la connaissance de la Conférence que j'ai reçu du Directeur du Cabinet de l'Empereur une dépêche me transmettant les remerciements de Sa Majesté Impériale et Royale pour le télégramme d'hommages que je Lui ai adressé hier au nom de la Conférence. (*Applaudissements.*)

J'ai également reçu du groupe français pour l'arbitrage international un télégramme de sympathie dont voici le texte:

> Le Groupe parlementaire français d'arbitrage adresse au congrès ses sympathies cordiales et souhaite que les résolutions que vous voterez, fournissent à tous les Parlements la base d'action commune pacifique qui leur manque. Signé: D'Estournelles de Constant.

Nous reprenons l'ordre du jour. J'ouvre la discussion générale sur les différents points du N° 2 de l'ordre du jour. Se sont inscrits comme orateurs: M. le Comte de Schönborn, M. de Marcoartu, Dr. Herold, M. de Krabbe, M. de Roszkowski, M. de Berzeviczy, Sir John Brunner, M. Stanhope, M. Cremer, M. Hirsch.

Je donne la parole au premier orateur inscrit, M. le Comte de Schönborn.

M. le comte de Schönborn (Autriche). — La séance d'hier s'est terminée sous la brillante impression d'un rapport magistral, développé par M. le Ministre Beernaert, qui nous a tenus sous le charme par l'élévation des idées, la solidité de ses arguments, la maîtrise de son discours. J'étais sous le charme comme tout le monde; il n'y a qu'un seul point sur lequel je me permettrai de contredire notre illustre collègue. En termes magnifiques, M. le rapporteur a exalté le spectacle offert par cette assemblée où des centaines de parlementaires, arrivant de tous les côtés, se rencontrent tous zélés pour le bien public, sans préoccupation personnelle. Il faut bien que je le confesse, je ne méritais pas tout à fait cette bonne opinion.

Inscrit comme premier orateur dans le débat qui devait faire suite au dernier rapport, j'éprouvais un sentiment très personnel et assez laid, la peur! Car je me disais: »Ah! qu'il sera difficile de parler après un orateur d'une telle envergure!«

La résolution proposée par l'honorable président du groupe autrichien, m'oblige de solliciter pour un moment votre attention; comme membre de la Cour de La Haye, j'ai à coeur de remercier M. le Baron Pirquet et de recommander sa motion à votre bienveillance. Je me souviens que moi-même je suis homme de loi et que dans notre assemblée un grand nombre de jurisconsultes sont réunis. Légistes, nous le sommes tous. J'en appelle donc à votre expérience éprouvée, mes chers Collègues; n'ai-je pas raison de dire, qu'en codifiant une loi civile on doit éviter autant que possible les matières à procès? En effet, c'est d'une importance capitale; les procès parfois sont nécessaires, mais on les réduit au minimum parce qu'ils sont coûteux et parce que toujours le procès est un élément de discorde entre concitoyens, voisins, parents! Mais que dirai-je d'un autre procès, qui se nomme la guerre, procès fait entre peuples entiers à coups de canons; procès sinistre qui ravage les campagnes, qui dévaste les foyers; procès qui désole les familles en détruisant par milliers des vies juvéniles, pleines d'espoir! (*Approbation.*)

Je n'ai pas à vous entretenir des horreurs de la guerre. Permettez seulement que je cite un fait historique assez curieux raconté dans un traité savant par le Colonel Penguilly l'Haridon, jadis Directeur du Musée d'artillerie à Paris. Au moyen-âge des tentatives furent faites, surtout par le Pape Innocent VII, pour supprimer, ou plutôt pour restreindre l'usage de l'arbalète, qui alors était considérée comme une arme terrible. La pauvre arbalète n'est qu'un innocent joujou vis-à-vis d'un fusil moderne, celui-ci n'est rien vis-à-vis d'un canon à longue portée et tout ce qui s'appelle dynamite, écrasite, etc., j'en passe et des meilleurs, ou plutôt des pires! Il est vrai que la guerre s'est humanisée par l'adoucissement des moeurs et par les progrès de la science médicale; mais l'art de détruire, hélas, sera toujours en avant de l'art de guérir.

Loin de nous l'illusion de pouvoir abolir la guerre tout d'un coup; des cas peuvent se produire dans lesquels un pays est forcé de se défendre. Que chacun possède une bonne épée et sache s'en servir au besoin, je l'admets; mais avant de la tirer du fourreau, qu'il se demande en son âme et conscience, devant Dieu et devant l'humanité, si la nécessité de frapper est absolue et s'il n'y a pas d'autre moyen honorable de sortir d'un mauvais pas et de régler un différend entre nations. Un tel moyen c'est l'arbitrage, moyen honorable s'il en fût jamais; car même une fierté légitime ne saurait déchoir en se confiant à l'impartialité d'un juge, d'un tribunal.

Je crois que la résolution est dans le vrai, qu'elle a touché juste, en recommandant en premier lieu comme tribunal d'arbitrage la Cour de La Haye, tout en n'excluant pas le choix d'autres juges: l'idée et la raison d'être de l'arbitrage comportent une certaine liberté d'allure quant au choix des arbitres. Pourtant la Cour de La Haye a été créée par un travail assidu, avec le concours de jurisconsultes éminents; on peut dire que le zèle et la science y ont triomphé également.

Il ne sera pas dit, je l'espère, que la peine prise par ces hommes, auxquels nous devons une gratitude sincère, aura été pour rien! Il ne sera pas dit, je l'espère encore, que les Puissances, qui avec une rare unanimité se sont rendues à la généreuse invitation de S. M. le Tzar, Empereur de toutes les Russies, n'auront fait qu'une vaine démonstration. Du reste, Messieurs, notez bien, des principes, des règles de procédure existent, ce qui facilitera la marche des affaires. Pour produire l'effet voulu il serait préférable, comme cela s'est fait déjà, d'élire avant tout des juges qui en personne ont pris part à la Conférence de La Haye, et qui comme tels, savent mieux que tout autre traduire les idées dont cette auguste Assemblée s'est inspirée dans le temps. J'en parle à mon aise, car je n'ai pris aucune part à la Conférence. Vous voyez donc que je suis loin de toute préoccupation individuelle. Sous cette réserve personnelle, j'ai cru pouvoir prêcher pour ma paroisse; mais j'ai hâte de finir parce que j'espère avoir prêché des convertis. C'est assez dire que les sympathies n'ont pas manqué à notre tribunal; mais l'amour jusqu'ici a été platonique, à faire craindre pour l'avenir. On nous a couverts de fleurs, mais nous ne voyons pas de fruits. Ce serait toujours un grand point de gagné si vous vouliez prêter votre précieux concours à une résolution, qui au fond ne demande que la réalisation de promesses solennelles données devant le monde civilisé. (*Applaudissements.*)

M. DE MARCOARTU (ESPAGNE). — Je prends la parole pour appuyer l'excellent rapport de M. Beernaert et pour vous faire une communication, me croyant en cela l'interprète de l'esprit de 20 millions d'Espagnols en Europe et de 50 millions d'Ibériens dans les deux Amériques. Je dois aussi prier notre ami le Baron Pirquet d'introduire une addition et quelques modifications dans son rapport sur la Cour permanente d'arbitrage.

Mais je dois tout d'abord exprimer ma gratitude déjà ancienne; car il y a 25 ans déjà j'ai reçu en Autriche-Hongrie le meilleur accueil alors que je venais y défendre nos idées. J'avais fait publier à Londres et à New-York un ouvrage sur la création d'un parlemen international. J'ai alors fait un tour d'Europe sous le patronage de Gladstone, de M. Jules Simon, de M. Le Hardy de Beaulieu et de nombreux hommes politiques français, anglais et belges. Je proposais d'établir notre première Conférence interparlementaire à Bruxelles. Et j'ai eu la joie de voir approuver ma proposition en Italie. Ici même, à Vienne, le 27 avril 1876, un groupe de 43 Sénateurs et Députés de l'Empire Austro-hongrois, convoqué par le Comte Wilczek, Baron Walterskirchen et le Dr. Johann Fux, se réunit sous la présidence du prince Colloredo-Mansfeld dans une salle du Parlement autrichien et vota à l'unanimité la résolution suivante:

»La Conférence approuve en général les principes d'une politique de paix et tous les efforts tendant à l'établissement d'un tribunal d'arbitrage. Elle déclare adhérer particulièrement à ce que le Parlement autrichien envoie des délégués à un Congrès de membres de Parlements de tous les pays, dont le but serait de traiter toutes ces questions et particulièrement celle de la diminution des dépenses pour la guerre, dans la limite du possible.«

»La Conférence déclare en outre qu' elle est prête à faire tous ses efforts pour qu'il soit délégué au Congrès projeté un nombre aussi considérable que possible de Députés de l'Autriche, et nomme, pour faire les démarches préliminaires, un comité de 9 membres.«

Le texte de cette résolution, qui fut publié dans tous les journaux en 1876 se rattache indirectement, comme vous le voyez, à la résolution qui vous est proposée en ce qui concerne l'Amérique.

Voici maintenant la communication que j'ai à vous faire.

La création d'un Parlement international a été le desideratum de toute ma vie. L'Universal Peace Union de Philadelphie a adressé à l'Assemblée législative de Massasuchetts une pétition invitant le Président de cette Assemblée à provoquer la création d'un Parlement mondial qui se réunirait tous les cinq ans. L'Assemblée a adopté cette proposition, et la question sera discutée dans la prochaine session du Congrès américain. Ce sont donc aujourd'hui les Américains qui prennent les devants dans cette question du Parlement international. C'est pourquoi je vous propose d'adresser à tous les Parlements européens et américains l'invitation d'étudier la création d'un Parlement international. Cette question pourrait être portée à l'ordre du jour de notre prochaine Conférence.

Je tiens à apporter toute mon adhésion au rapport de M. Beernaert. Mais au nom des Espagnols je dois faire certaines réserves. Ce que M. Beernaert a dit de la non-invitation des Républiques américaines est très juste. J'ai eu l'occasion à ce propos de faire adopter à Rome une résolution aux termes de laquelle, chaque fois qu'il s'agirait de questions internationales, toutes les nations du monde devraient être invitées, sans aucune distinction. M. Beernaert s'est demandé pourquoi les Républiques américaines n'avaient pas été invitées à la Conférence de La Haye. Eh bien, c'est tout simplement parce qu'elles n'étaient pas réprésentées diplomatiquement à St. Petersbourg: la bureaucratie diplomatique n'a pas cru, dans ces conditions, devoir leur faire l'honneur de les inviter.

M. Beernaert a fait ressortir les détails, les conditions et les projets du Congrès panaméricain; il a compris de suite que les républiques Ibériennes devaient se mettre en garde contre les idées ambitieuses des Etats-Unis. Un fait a été omis, et qu'il importe de mettre en lumière: c'est que lors des désastres de l'Espagne dans une guerre injuste et inhumaine, l'Espagne a attiré l'attention de l'Europe sur cette situation, au Congrès de 1900. Dans ce Congrès, officiel mais exclusivement espagnol et ibérien d'Amérique, étaient représentées officiellement 16 Républiques. Il y fut question de l'arbitrage. J'étais vice-président de ce Congrès. J'y ai fait voter à l'unanimité sauf une voix, une résolution en faveur de l'arbitrage obligatoire et sans exception. Ce Congrès était antérieur au Congrès panaméricain. Ce sont donc nos idées, à nous Ibériens, qui ont été suivies par les Américains. M. Beernaert nous a signalé la formule admise par les Républiques américaines: arbitrage obligatoire sauf dans les cas qui peuvent mettre en péril l'indépendance. Et M. Beernaert applaudissait à cette formule.

Cette formule américaine a eu son origine en Espagne, et c'est moi qui en suis l'auteur. C'est en 1900 que j'ai introduit cette formule qui a été reproduite par M. de Bloch. Je l'ai modifiée ensuite, car il ne faut point se faire d'illusions, l'arbitrage doit être obligatoire ou il ne sera pas. On a raison de rendre hommage à la Cour de La Haye mais c'est malheureusement un tribunal sans initiative et sans lois. Ce sont là deux graves défauts auxquels ma formule remédie.

J'estime que nous devons étudier, voter et acclamer le rapport de M. Beernaert.

Quelques mots sur le rapport du Baron Pirquet. Il a cité des faits très intéressants, mais il en a oublié d'autres fort importants. D'abord il a oublié le Congrés panaméricain dont je vous ai parlé, et le traité d'arbitrage entre la République Argentine et le Chili, conclu mais non encore ratifié par les Chambres. Et contrairement aussi à ce que dit le rapport, le traité entre l'Espagne et les Républiques américaines prévoit certaines exceptions. Il y a là une légère rectification à faire dans le rapport de M. le Baron Pirquet.

L'arbitrage, au lieu d'être consacré par les traités, devrait être inscrit dans les Constitutions.

M. LE DR. HEROLD (AUTRICHE). — Comme on le sait, l'Autriche est un Etat composé de royaumes et nations historiquement réunis, mais non pas une nation.

Veuillez d'abord me permettre de souhaiter, comme Député de la nation tchèque et au nom de cette nation, beaucoup de succès aux idées et aux travaux de la Conférence interparlementaire.

L'orateur salue en langue tchèque la conférence au nom du peuple tchèque qui ne demande pas mieux que le droit soit mis à la place de la force.

Plus qu'un autre pays en Autriche, le Royaume de Bohême, situé au centre de l'Europe, fut la scène de terribles luttes, et des guerres sanglantes ont brisé son existence d'Etat indépendant et interrompu les progrès de sa civilisation qui, avant la guerre de Trente ans, était la plus avancée de toute l'Europe centrale.

Ce n'est qu'au commencement du siècle dernier que les forces naturelles de notre race ont pu créer une nouvelle vie nationale, et ce n'est que grâce aux bienfaits de la paix que notre nation a pu rassembler ses forces et, tout en n'étant qu'un petit peuple, reprendre son ancienne place parmi les nations civilisées.

Il est évident que surtout les petites nations désirent que ce soit le droit qui décide et non la force, et que les questions internationales soient réglées par le droit et non par l'épée. Et précisément dans notre histoire, nous avons un roi national, le célèbre Georges de Podiébrad, qui fut l'arbitre entre les litiges des souverains contemporains, et c'est à Prague que furent prononcés, déjà au XVe siècle, des jugements de paix.

Il est incontestable que la guerre n'est que la force qui écrase le droit. La lutte par l'épée ne saurait être un moyen de justice et selon le droit, on ne peut y avoir recours qu'en cas de légitime défense. Nous n'en sommes pas encore là, notre but est encore éloigné; mais nos conférences sont un moyen d'y arriver. (*Applaudissements.*)

Wenn wir nun das Ziel der interparlamentarischen Konferenz besprechen, so müssen wir zugeben, daß das endliche Ziel der Friede ist. Nach der Organisation der interparlamentarischen Konferenz kann jedoch dieselbe nichts anderes tun, als eine Propaganda von Volk zu Volk, von Staat zu Staat einführen. Es wird allgemein versichert, daß im gegebenen Augenblicke keiner von den größeren Staaten einen Krieg will, daß alle Staaten von Friedensbestrebungen durchdrungen sind, daß wir uns quasi dem idealen Zustande des Friedens nähern.

Mag das richtig sein, mag auch die Ursache dieser Friedensliebe nur die Furcht vor den Folgen des Krieges sein, eines ist sicher: der Friede, wie er jetzt besteht, bietet gar keine Garantie für die Zukunft, weil er nur ein faktischer Zustand ist, nicht aber ein rechtlicher. Die Ursache dafür, daß der Friede nur ein faktischer Zustand ist, ist eine historische. Es werden Staaten gebildet und Staaten abgeändert nur infolge eines Krieges und der Zustand entspricht nicht einer Rechtsquelle, sondern dem Diktate des Stärkeren, dem Diktate des Siegers.

Wenn daher der jetzige Friede nur eine Folge des Krieges ist, so bergen schon die jetzigen Staaten an und für sich in sich selbst den Keim und die Ursache eines weiteren Krieges. Es ist daher notwendig, wenn man wirklich den Bestrebungen sowohl nach schiedsgerichtlichen Einrichtungen als auch nach dem Frieden eine Grundlage geben will, daß man eine rechtliche Grundlage, nämlich die Rechtsbildung auf internationalem Gebiete weiter verfolgt. Denn, meine Herren, der Schiedsgerichtshof, wie er jetzt im Haag eingerichtet wird, ist, abgesehen davon, daß er ja keinen obligatorischen Charakter hat, doch ein Gerichtshof, der zwar Recht zu sprechen, aber nicht Recht zu bilden vermag. Soll aber ein Schiedsgerichtshof Recht sprechen, so muß er auch die rechtliche Grundlage haben, auf Grund welcher ein derartiger Schiedsspruch wirklich einen rechtlichen Charakter erhält und als rechtlicher Schiedsspruch, da doch diesem Gerichtshofe jede Exekutive mangelt, von allen Staaten und Völkern betrachtet wird.

Es ist daher notwendig, daß die Rechtsbildung auf dem internationalen Gebiete denselben Weg nehme, wie die Rechtsbildung auf dem Gebiete des zivilen Rechtes selbst. Ursprünglich galt das Naturrecht, dann kam das Gewohnheitsrecht, schließlich gelangte die Menschheit zum geschriebenen Recht. Auch auf dem Gebiete des Völkerlebens gibt es ein Naturrecht. Zuerst muß das Naturrecht der einzelnen Völker zur Geltung kommen, um auf Grund dieses Naturrechtes die rechtlichen Gewohnheiten und schließlich Gesetze zu bilden. Die Streitigkeiten, welche zwischen einzelnen Staaten heute entstehen, welche vor dem internationalen Schiedsgerichte gelöst werden können, sind an und für sich, wie wenigstens aus der Resolution hervorgeht, ja größtenteils Streitigkeiten untergeordner Art, Streitigkeiten wirtschaftlicher Natur, Streitigkeiten über gewisse Schutzvorrichtungen des volkswirtschaftlichen Lebens der einzelnen Staaten.

Allein, meine Herren, man darf nicht vergessen, daß der Grund zu Kriegen nicht in den Verhältnissen der Staaten zueinander, sondern in den Staaten selbst gelegen ist, und Sie wissen, daß alle großen welterschütternden Kriege einer Idee in den Staaten selbst entsprungen sind.

Wir sehen, daß im Mittelalter die Kriege auf Grund der religiösen Idee geführt wurden, wir sehen in der Neuzeit, daß die größten Staatsformationen auf Grund der nationalen Idee herausgebildet worden sind, daß diese nationale Idee in den Völkern selbst der Beweggrund zu einzelnen Kriegen gewesen war. Wir sehen auch noch heute — was nützt da ein Schiedsgerichtshof? — die Verhältnisse am Balkan, wo es zu blutigen Massacres kommt, wo es keine streitenden Staaten untereinander sind, wo nur ein Streit existiert zwischen dem natürlichen Rechte eines Volkes und der brutalen Gewalt.

Aber wenn wir daher auf dem Gebiete der Friedensbestrebungen zu einem Ziele gelangen wollen, so müssen wir wenigstens in der interparlamentarischen Konferenz unsere Propaganda dahin richten, daß die Grundlage gebildet werde für ein wirkliches, für die Ausbildung der Staaten, für den Frieden maßgebendes Recht der einzelnen Völker und Nationen.

Es muß das Rechtsbewußtsein über die natürliche Stellung der einzelnen Nationen und Völker ein allgemeines sein, es muß dieses Rechtsbewußtsein zum Gemeingut aller zivilisierten Völker werden, um fruchtbringend in den einzelnen Staaten zu wirken und dadurch Verhältnisse zu schaffen, welche den Anlaß zu blutigen Kriegen und Kämpfen beseitigen und der Kulturtätigkeit, Zivilisation und Humanität auf allen Gebieten und bei allen Völkern freien Lauf lassen. (*Beifall.*)

Und darin, glaube ich, liegt das hohe Ziel der interparlamentarischen Konferenz. Wir sind hier nicht dazu berufen, um vielleicht den Staaten Vorschriften zu geben. Die Unabhängigkeit der einzelnen Staaten steht intakt vor den Toren dieser interparlamentarischen Konferenz; aber als Vertreter vieler Nationen müssen wir in einem Zeitalter, wo die Nationen durch die wissenschaftliche Tätigkeit und die technische Entwicklung einander genähert worden sind, wo die Kultur der einzelnen Nation nicht ihr Eigentum, sondern Gemeingut der ganzen Welt ist (*Lebhafte Zustimmung*) wenn wir Gelegenheit haben, in einer interparlamentarischen Konferenz zusammenzukommen, zu Vorkämpfern für die Propaganda des wirklichen, auf dem Rechte der Selbstbestimmung jedes einzelnen Volkes basierenden Völkerrechtes werden. So wie die große französische Revolution die Freiheit des einzelnen Individuums, das XIX. Jahrhundert die geistige Freiheit des einzelnen Individuums geschaffen hat und das XX. Jahrhundert vielleicht die soziale Unabhängigkeit des einzelnen Individuums zum geschichtlichen Ereignisse machen wird, so kann aus dieser Zusammenkunft der Vertreter aller Nationen auch die Möglichkeit geschaffen werden, daß die Begriffe über die Rechte und Pflichten der einzelnen Nationen und Völker gegeneinander für alle Völker gleich sind. (*Lebhafter Beifall.*)

M. DE KRABBE (DANEMARK). – Messieurs, dans la résolution proposée par le groupe autrichien se trouve l'indication de ce qui s'est passé dernièrement en Danemark au sujet de la clause d'arbitrage. Je me permets d'ajouter quelques mots.

Si je vous dis qu'environ les trois quarts du Parlement danois et plus de la moitié du gouvernement du Danemark sont membres de l'Union interparlementaire, vous pourrez vous faire une idée complète de la situation de l'Union en Danemark et vous comprendrez qu'au total la nation est effectivement pour notre cause.

C'est pourquoi notre groupe a pu prendre l'initiative à la Chambre des Députés d'une résolution en faveur de cette cause, et a réussi à la faire adopter par la Chambre.

Il s'agit de déterminer les Etats à chercher dans l'arbitrage la solution des différends et à recourir à la Cour permanente de La Haye pour cet arbitrage.

Encouragés et par l'attitude prise par notre gouvernement dans un cas particulier, et par un vote du Parlement suisse en octobre 1902, quelques membres de notre groupe soumirent à la Chambre une résolution.

Nous proposâmes d'engager le gouvernement à pourvoir, autant que possible, à ce que dans tout traité conclu entre le Danemark et un autre Etat, il soit inséré la stipulation que les différends qui pourraient surgir à l'occasion de l'application du traité, et qui ne pourraient être réglés par la voie diplomatique, seront soumis à la Cour permanente de La Haye.

Il y a dans cette résolution deux éléments qui méritent d'être relevés. D'abord la résolution ne se borne pas à réclamer l'arbitrage, mais elle demande, en outre, le renvoi du différend à la Cour de La Haye. Puis elle ne se rapporte pas seulement aux traités de commerce, etc.; elle appelle l'insertion de la clause dans TOUT traité.

La résolution, dont j'avais l'honneur d'être le rapporteur, fut votée à l'unanimité, et avec la pleine adhésion du gouvernement, le 5 décembre 1902.

Je suis donc heureux de pouvoir constater que notre groupe et la Chambre danoise ont rendu un service réel à la cause commune.

Il n'y a pas de doute qu'avec le concours de tous les Parlements des grandes Puissances comme des petits Etats, nous atteindrons notre but. (*Vifs applaudissements.*)

M. LE DR. DE ROSZKOWSKI (AUTRICHE). — La résolution du groupe autrichien contient, comme nous l'avons entendu, trois propositions :

1. que dans tous les traités des Etats qui ont été représentés à la Conférence de La Haye et dans lesquels cela peut se faire, soit insérée la clause arbitrale;

2. que les Etats mentionnés concluent entre eux des traités généraux d'arbitrage;

3. et qu'en cas de litige, ils s'adressent en première ligne au tribunal arbitral permanent siégeant à La Haye.

La seconde de ces propositions, c'est-à-dire que les Etats seraient obligés de conclure entre eux des traités généraux d'arbitrage, en tant qu'elle se rapporte aux Etats de l'Europe, ne peut avoir en vue, ce me semble, qu'un avenir bien éloigné. Il faut être, à mon avis, un idéaliste obstiné pour recommander aux Etats de l'Europe, dès aujourd'hui, de se lier par des traités, selon lesquels tous les différends qui peuvent naître entre eux devraient être déférés aux tribunaux arbitraux. La théorie du droit international aussi bien que l'histoire des arbitrages, nous mettent en garde contre tout optimisme dans l'appréciation de la question de savoir quelles affaires peuvent être déférées aux tribunaux arbitraux.

Car il y en a de nombreuses qui se rapportent à l'existence des Etats, à leur indépendance, ou à leur honneur et qui ne peuvent pas être remises à leur compétence. Il suffit de jeter un coup d'oeil sur la carte de l'Europe pour se convaincre que des traités généraux d'arbitrage ne sauraient être conclus entre les Etats européens de sitôt.

En effet il n'y a presque aucun Etat en Europe qui n'ait pas à réclamer de ses voisins quelque lambeau de territoire, soit parce que ce territoire lui appartenait autrefois, soit parce qu'il est habité par une population de la même nationalité que la sienne. De pareilles prétentions, nous les rencontrons à la frontière de presque tous les Etats. C'est la conséquence des guerres anciennes et des cessions de territoires tout à fait arbitraires.

Presque toutes les nations ont aujourd'hui la tendance de s'établir en unités politiques, c'est-à-dire en Etats souverains; à cause de cela, les frontières territoriales qui démembrent des nations, sont la source de continuelles incertitudes dans les relations des Etats, et menacent de provoquer des conflits qui mènent à la guerre.

Ces questions nationales, les plus vitales de toutes, sont la cause de la paix armée actuelle, et cependant aucune nation ne renoncera, pour ne pas troubler la paix, à ses droits imprescriptibles, à son existence indépendante et ne soumettra sa cause à un tribunal arbitral.

Il n'est point impossible que ces grandes et nombreuses questions nationales soient un jour réglées sans effusion de sang. — Mais tant que ces questions ne seront pas définitivement arrangées, conformément aux besoins et aux droits des nations, on ne pourra point sérieusement espérer que les Etats s'obligent dans leurs conflits éventuels à s'en remettre à la décision de la Cour arbitrale. Cela a pu avoir lieu entre l'Italie et la République Argentine, entre l'Espagne et les petits Etats de l'Amérique du Sud, mais ne peut pas se faire partout, et surtout pas en Europe.

Si donc le deuxième postulat, qui se rapporte aux traités généraux d'arbitrage entre les Etats de l'Europe, n'est nullement facile à réaliser aussitôt, en revanche, le premier, par lequel on demande que dans les traités qui le comportent, l'on fasse insérer une clause arbitrale, est non seulement fort réalisable, mais en outre pour le maintien de la paix, d'une grande portée.

Il y a beaucoup de traités dans lesquels cette clause peut être insérée avec avantage. Dans les traités de commerce, d'industrie, d'agriculture, en général dans les traités qui concernent les rapports économiques, dans les conventions littéraires et artistiques, dans les traités d'extradition et dans ceux qui s'occupent de l'exécution des jugements, etc., la clause arbitrale devrait toujours trouver sa place, afin de prévenir la guerre.

L'idée n'est pas nouvelle; le mérite de l'avoir conçue appartient à Mancini; mais il est bon de la relever, de la rappeler au souvenir du monde, parce qu'on l'a un peu oubliée.

La grande importance de la clause arbitrale dans les traités consiste en ce que, grâce à elle, on peut souvent prévenir la guerre; mais de plus, les traités dans lesquels cette clause est insérée font preuve des continuels efforts de la société internationale pour détourner les guerres, aussi bien que pour conclure des traités dans une forme telle que tout recours aux armes soit exclu. Ainsi l'insertion des clauses arbitrales dans les traités répond à l'esprit de notre époque dont le désir général est le maintien de la paix, et elle servira de témoignage que dans les rapports internationaux le siècle actuel n'a rien négligé pour écarter la guerre et assurer la paix.

Cependant, tout en reconnaissant la grande importance des clauses arbitrales, je dois faire observer que l'insertion dans les traités de la clause dont il s'agit, ne devrait point dispenser les Etats de l'obligation d'employer aussi d'autres moyens qui peuvent contribuer bien davantage au maintien de la paix.

Ce sont les bons offices et la médiation qui, sans nul doute, sont les moyens les plus efficaces de prévenir les guerres.

Leur grande importance consiste d'abord en ceci que là même où un traité ne comporte pas la clause arbitrale, les bons offices peuvent toujours être offerts; en outre, ils sont un moyen par lequel on agit directement sur les Etats en conflit, de sorte que l'on peut ainsi leur faire renoncer à la guerre, même au dernier moment.

Enfin, la grande importance des bons offices et de la médiation se manifeste par le fait qu'ils éveillent l'opinion publique, qui a notre époque, eu égard à la puissance de la presse, des réunions publiques des meetings, peut avoir une grande influence sur les décisions des Etats.

Les Etats eux-mêmes ont reconnu l'importance des bons offices au Congrès de Paris en 1856 et à la Conférence de la Haye en 1899. C'est pourquoi il faut convenir que quelque grande que soit, pour le maintien de la paix, l'importance des clauses arbitrales, il n'en est pas moins vrai que les bons offices et la médiation exercent non moins d'influence, surtout, quand ils sont appliqués suivant le mode déterminé par la Conférence de La Haye.

Reconnaître pleinement ces idées et les proclamer devant le monde, c'est, à mon avis, un devoir de la Conférence interparlementaire. (*Applaudissements.*)

M. LE DR. DE BERZEVICZY (HONGRIE). – Messieurs, permettez-moi d'ajouter quelques mots au débat sur les projets de résolutions réunis sous le numéro 2 de l'ordre du jour de la Conférence, bien que leur matière semble presque épuisée après le discours que nous venons d'entendre, principalement après le magnifique rapport de M. Beernaert.

Tout ami sincère de la cause de la paix, en tenant compte des difficultés présentes, a vu dès le début l'importance et la valeur de la Convention de La Haye et du Tribunal d'arbitrage institué par elle, surtout en ceci, qu'elle créera la base d'une pratique internationale, qui, quoique en droit, facultative seulement, deviendra moralement obligatoire, et qu' avec le temps, grâce à elle, dans l'aplanissement des litiges entre Etats, il sera difficile d'écarter les solutions pacifiques.

C'est dans ce sens aussi que s'exprima un des représentants éminents de la France à la Conférence de La Haye, le Président actuel de la Chambre française.

Dans un discours qu'il prononça à la Chambre en qualité de Député, M. Léon Bourgeois a dit: »un autre point acquis est celui-ci: une institution a été créée, un tribunal dans lequel on a cherché à réunir toutes les garanties d'un fonctionnement impartial et d'une autorité incontestée. Enfin, une procédure a été déterminée . . .«

Aujourd'hui que quatre années nous séparent déjà de l'époque où la Convention de La Haye fut signée, et que le Tribunal international d'arbitrage est constitué effectivement depuis trois ans, je crois que les éléments les moins optimistes du monde politique sont en droit d'attendre que l'utilité pratique de l'institution créée à La Haye se manifeste par de nombreux exemples aussi bien que par des faits.

Or, à ce point de vue, jusqu'au dernier temps, nous ne pouvions nous défendre d'un certain sentiment de déception qui a trouvé une expression très justifiée dans l'éloquent discours du Comte Schönborn.

Un autre champion éminent de la cause de l'arbitrage, un Français également, M. le Baron d'Estournelles de Constant, dans un article paru il y a deux ans, a déjà indiqué l'inconvénient qui résultait de ce que les Etats avaient jusqu' alors évité de recourir au Tribunal de La Haye, bien qu'avec un peu de bonne volonté ils eussent trouvé des questions rentrant fort bien dans le ressort de cette institution et dont le règlement, selon les dispositions de la Convention, eût certainement satisfait les parties intéressées, sans compter que celles-ci eussent de la sorte contribué efficacement à faire pénétrer dans l'esprit des nations l'existence, l'importance et l'utilité de cette institution.

Je reconnais volontiers que, depuis, l'état des choses s'est amélioré. Néanmoins la plainte formulée par notre excellent collègue était bien fondée et elle se justifie davantage encore par la circonstance particulière que depuis la signature de la Convention de La Haye, non seulement des questions susceptibles d'être soumises à un arbitrage ont souvent surgi entre plusieurs Etats, mais encore que de nombreux cas se sont présentés pour la solution desquels les Etats intéressés avaient convenu de recourir à un arbitrage; et cependant ils ont désigné un arbitre »ad hoc« en laissant de côté le Tribunal de La Haye.

Tels sont, à ma connaissance, les cas suivants:

L'Allemagne, l'Angleterre et les Etats-Unis, dans une entente conclue le 7 novembre 1899, à Washington, sont tombés d'accord pour prendre comme arbitre S. M. le Roi de Suède et de Norvège en vue de prononcer sur les indemnités à attribuer à leurs sujets à cause des troubles survenus dans l'île de Samoa.

Le 25 novembre 1899, l'Italie et le Pérou ont signé, à Lima, un accord aux termes duquel les réclamations des sujets italiens lésés à la suite de la guerre civile du Pérou de 1894—1895 furent soumises à l'arbitrage de Don R. Gil de Uribani, ministre d'Espagne au Pérou.

Le 22 mars 1900 les Etats-Unis et le Nicaragua se sont entendus, à Washington, pour demander au général E. P. Alexander de se prononcer sur les créances de plusieurs sujets de l'Amérique du Nord.

Aux termes de l'accord intervenu à Santiago, le 31 mai 1900, entre la Bolivie et le Chili, les réclamations d'indemnité élevées par les sujets boliviens à la suite de la guerre civile du Chili furent soumises à l'arbitrage du ministre de la Grande Bretagne à Santiago.

Par l'entente conclue à Londres, le 9 novembre 1901, entre l'Angleterre et le Brésil, le différend concernant une question de délimitation des frontières du Brésil et de la Guyane Anglaise, fut soumis à l'arbitrage de S. M. Victor Emanuel III, Roi d'Italie.

Je reconnais que le recours fréquent à une solution par voie d'arbitrage doit être consideré, au point de vue de notre cause, comme un résultat acquis, même si le Tribunal d'arbitrage de La Haye et la procédure qui lui fut prescrite, n'ont pas été pris en considération.

Je n'oublie pas non plus que la Convention de La Haye elle-même désigne des cas où le rôle d'arbitre est exercé par un ou plusieurs personnages en dehors du Tribunal permanent — un souverain ou un simple particulier.

Cependant je suis d'avis que les membres de l'Union Interparlementaire doivent consacrer tous leurs efforts à ce que leurs Etats respectifs acceptent, dans la plupart des cas, non seulement l'idée de l'arbitrage, mais qu'ils aient recours aussi à l'institution créée à cet effet et à la procédure établie par suite d'un accord international.

A ce point de vue, je puis m'en référer, comme à un heureux présage, à ce traité dont l'exposé des motifs du projet du groupe autrichien fait aussi mention: à l'accord consulaire conclu le 8 mars de cette année entre l'Autriche-Hongrie et la Bulgarie, qui porte une clause aux termes de laquelle les litiges de tout genre soulevés par l'interprétation ou l'application de cet accord, devront être décidés suivant la procédure fixée par la Convention de La Haye.

Un appel plus général encore au Tribunal permanent d'arbitrage est renfermé dans l'accord intervenu à Washington, le 24 janvier dernier, entre le Danemark et les Etats-Unis.

Puis dans celui conclu à Mexico, le 29 du même mois, entre l'Argentine, la Bolivie, la Dominique, le Mexique, le Paraguay, le Guatémala, le Salvador, le Pérou et l'Uruguay.

Il en est de même des traités, signés également à Mexico les 17 et 28 février, entre l'Espagne d'une part, et, d'autre part, les susdits Etats de l'Amérique centrale et méridionale, bien que ces traités ne désignent comme arbitre le Tribunal de La Haye, qu'en cas seulement où les Etats intéressés ne pourraient tomber d'accord sur la personne d'un souverain ou d'un jurisconsulte.

Plus récemment, pour la solution du litige concernant les fonds pieux de Californie, les Etats-Unis et le Mexique, par une entente intervenue le 8 avril dernier, s'en sont référés au Tribunal de La Haye, lequel a déjà prononcé son arrêt dans cette affaire.

Et depuis lors nous voyons avec satisfaction se multiplier les cas d'appel à la Cour permanente d'arbitrage: tels sont l'affaire pendante entre les gouvernements de France, d'Allemagne et de la Grande Bretagne, d'une part, et du Japon, d'autre part, et ensuite la question bien connue du Venezuela.

Dans l'espoir que l'Union interparlementaire, animée par les résultats de ces derniers temps, procédera toujours avec succès à l'accomplissement de son devoir, en favorisant et sollicitant la mise en pratique de la Convention de La Haye, je recommande, moi aussi, l'adoption de tous les projets de résolutions qui nous sont soumis et qui répondent complètement à la situation. (*Applaudissements.*)

SIR JOHN BRUNNER. (GRANDE BRETAGNE.) — I first of all beg your pardon for not speaking in french. The resolution which I shall have the honour to propose ought to have been moved by our friend Mr. Edmund Robertson who having been taken ill on his way to Vienna was compelled to return home. We heartily deplore this incident, for I cannot speak with the same authority and mastery of details as M. Robertson, a former member of the Board of Admiralty, would have done it. His resolution runs thus:

> Whereas the Great Powers in 1898 unconditionally accepted the proposal of Russia that an International Conference should be held to consider *inter alia* the growing burden of military budgets, and the best manner of bringing about military and naval disarmament,
>
> Whereas at the Hague Conference which was accordingly held in 1899 the subject was referred to a Commission of the Conference which reported that it was unable in the time available to deal therewith and whereas the Commission unanimously agreed to report that further consideration of the subject by the Powers would be a great benefit to humanity,
>
> And whereas since the Hague Conference the burden of armaments has continuously increased:
>
> This Conference is of opinion that the time has arrived when the project submitted by Russia in 1898 should be again submitted to and considered by another Conference of the Great Powers.

The invitation issued by Russia in 1898 to the Powers represented at the Conference at the Hague included a recommendation that the Conference should consider the increasing burdens of military budgets, and a suitable way of bringing about a mutual reduction of military and naval expenditure. The Powers who accepted the invitation thereby undertook the consideration of this matter, and referred it to a Committee of the Conference which reported that it had not had sufficient time to come to a conclusion upon the question, but at the same time unanimously declared that it was desirable that it should be taken up by a second Conference.

Certainly, we are happy to see what the Hague Conference has done for arbitration, it has done much, but it has still to do more. Since 1899 no conference has met and the question has not been discussed again. We believe that it is the apprehension to look timorous that prevented the European Powers from convoking a new Conference to discuss this great project. The men who speak in the name of England ought not let the opinion gain ground as if they were afraid, and the French have also spoken and we did not take their words for words of men fearing an enemy. We speak for no single country, for no single nation; our aim is perfectly disinterested, we speak for all Europe! We do not fear a reduction of armament. Look at present what benefit would be derived from disarmament. In our country, within ten years, the Army and the Navy Estimates have been doubled; Consols have fallen from 111 to 92! That's what the folly of armaments brings upon us.

In this frantic race for military supremacy, Italy alone saw clear and gave up the game. What has been the result? Her stocks instead of following the heavy decline which we have seen in England, have advanced by 40 perc. Spain follows her example, but the rest of Europe pants under the burden of taxation. For that reason the resolution which I move is of the greatest importance and the Powers are by duty bound to accept it. (*Applaudissements.*)

M. STANHOPE. (GRANDE BRETAGNE.) – I beg to second the resolution which is the expression of a desire on the part of the British Group to make some advance in the question of concurrent disarmament. The selection of M. Edmund Robertson, whose absence we all deplore, to move this resolution was due to the fact – as Sir John Brunner had said – that, having been a member of the Board of Admiralty in the last Liberal Administration, he occupied a position of some authority on a question of this character. You remember that the subject of disarmament was one of those left over by The Hague Conference, which confined itself to expressing a hope that a future Conference would be called to deal with it. We do not place ourselves on the standpoint of a single country. We are speaking here in the name of humanity. (*Applaudissements.*) And we say that the crushing burden of armaments in all countries without exception is a most acute social question. (*Applaudissements.*) Everywhere the working people are united in the firm resolution to put an end to these armaments. (*Applaudissements.*) I believe that in every European country, the voice of democracy will be increasingly raised in demanding an alleviation of military burdens, and I hope the Conference will do this practical work — I insist upon the world practical — and will take this opportunity of speaking out strongly on the subject. (*Applaudissements.*)

M. LE PRÉSIDENT. — Sir John Brunner et M. Stanhope viennent de proposer au nom de M. Edmond Robertson une motion qui a passé le Conseil de l'Union et qui se joindrait comme supplément à la proposition 2*f*) de la résolution de M. Beernaert. Le texte en a été distribué. J'en donne lecture:

> Attendu que les Grandes Puissances, en 1898, ont accepté sans condition les propositions de la Russie en faveur d'une conférence qui devait considérer *inter alia* la charge croissante des budgets militaires et la meilleure manière de faire aboutir le désarmement militaire et naval;
>
> Attendu qu'au Congrès de La Haye, en 1899, la question fut soumise à une Commission du Congrès qui fit un rapport constatant qu'elle ne pourrait résoudre la question, n'ayant pas assez de temps, mais qu'en même temps elle déclara à l'unanimité que l'examen de cette question par les grandes Puissances serait d'un grand avantage pour le bien de l'Humanité;
>
> Et attendu que depuis le Congrès de la Haye la charge des armements a constamment augmenté,
>
> La Conférence décide qu'il est opportun, que le projet préconisé par la Russie en 1898 soit soumis à un nouveau Congrès des Grandes Puissances lequel aura à le discuter.

M. LE PRÉSIDENT. — Il y a plusieurs membres qui voudraient parler sur la proposition Robertson; pour concentrer et pour rétrécir la discussion, je propose à l'assemblée d'entendre de suite ces orateurs, et je prie M. Cremer qui a la place devant eux, de vouloir bien la leur céder.

M. CREMER exprime son consentement.

M. LE PRÉSIDENT. — Je remercie M. Cremer et je donne la parole à M. Lough.

M. THOMAS LOUGH (GRANDE BRETAGNE). — When I attempt to speak a few words in support of the motion of M. Robertson, I feel that a great many arguments can be adduced for it. I shall for the moment not go further than to point at the example of the town of Vienna. I was struck on my arrival by the beauty of the town, by the wealth that one perceives. We do not understand to embellish our towns and besides our Army Budget does not set free the money which would be necessary to erect monuments which would adorn our cities.

Ten years ago we spoke in Parliament about disarmament and every year we repeat it, but our protest remains without result, for the Government replies that England cannot disarm as long as the rest of Europe does not do the same. And the world has not made much progress in this respect, since the United States of America want to rival with the other European States in military and naval power, which only tends to increase the foolish expenditure of the Nations in general. We are not stronger than at the beginning of our campaign. The money instead of being utilised for economic production, passes over into armaments of all kind and the english stocks are lower than they were till now. I conclude my remarks by expressing my earnest desire that this resolution should be adopted unanimously. (*Applaudissements.*)

ALDERMAN THOMAS SNAPE (GRANDE BRETAGNE). — I am happy to be privileged to associate myself with this Assembly, composed, as it is, of leaders of the movement in favour of the reduction of armaments. We aim, and put forth our efforts to influence public opinion in this direction, and we are inspired and aided in our work by the Resolution which M. Robertson has submitted.

The Inter-parliamentary and similar Conferences have been reproached because they have not always been practical in their discussions, and the resolutions adopted have been regarded as too general and too vague. To be practical, the Conference, as the result of serious deliberation, should propose to the Governments the imperative necessity of lightening, by a diminution of armaments the deplorable burdens which their subjects have to bear.

These burdens are being continually augmented by the ever-increasing demands for larger expenditure upon the armies and navies, and for the maintenance of war or the war system. The recent war in which Great Britain has been engaged in South Africa cost £ 250,000.000. A large portion of this has had to be raised on loan or by additions to the National Debt, and has greatly added to the annual taxation for the Departments of the Army and Navy.

It is time that the people gave the most earnest attention to the matter. It is a disgrace to civilisation. We ought to demand that the Governments shall give heed to our cries against the folly of expenditure which impoverishes the people, and obstructs the progress of social reforms. It is imperative that this ruinous outlay which is rapidly becoming intolerable should be arrested and diminished. It is necessary in order that war and preparations for war may give place to arbitration, and to international concord and peace, and that the era, of which our poet Tennyson speaks may be ushered in:

»When the common sense of most shall hold the fretful realms in awe,
»And the kindly earth shall slumber, lapt in universal law.«

(*Applaudissements.*)

M. Ettore Ciccotti (Italie). — Signor Presidente, signori membri della Conferenza interparlamentare, la proposta del sig. Robertson è di tale pratica ed evidente utilità che non occorrono altri discorsi per chiederne ed ottenerne l'approvazione. Parlo dunque brevissimamente e solo per esprimere più manifestamente il consenso di tutti quelli di cui, pel partito che rappresento e pel paese donde vengo, posso presumere d'interpretare l'opinione.

Il partito socialista, a cui ho l'onore di appartenere, insiste da lungo tempo e con vigore per la riduzione delle spese militari in tutti i parlamenti ov' è rappresentato. Ma gli si oppone solitamente che questa riduzione non è possibile se non viene fatta simultaneamente e proporzionalmente da tutti gli Stati europei, dalle grandi Potenze almeno. E' una ragione, per me, di assai dubbio valore; ma il peggio è che, posta in bocca di tutti i rappresentanti de' varî Stati, serve a ciascuno come un pretesto per non venire mai alla riduzione; e se ognuno vuole essere l'ultimo non vi sarà mai un principio.

Quando, nell' aprile ultimo, il sig. Foerster, segretario politico dell' Ammiragliato, dichiarò alla Camera de' Comuni che una proposta di riduzione contemporanea e generale della marina militare era stata fatta già da Lord Goschen a tutte le potenze, e non aveva avuta risposta; io stesso mossi interrogazione al Ministro degli Esteri italiano sull' argomento; ma mi venne risposto che la proposta non era mai venuta, ufficialmente, a notizia del Governo italiano e che, in ogni modo — è la solita risposta — la riduzione avrebbe dovuta essere simultanea e generale.

Io non credo che la riduzione degli armamenti debba essere, per necessità, generale e simultanea, e condivido in questo l'opinione che uno de' membri della Conferenza, il sig. Novikow, ebbe ad esprimere nella Revue, rispondendo alla nota obbiezione, ripetuta ancora dal Presidente del Consiglio de' ministri italiano, on. Zanardelli. Se come è stato detto qui ieri ad altro proposito, i buoni esempî partoriscono le buone opere, nessun esempio sarebbe più benefico e fecondo; e non per questo sarebbe menomata la sicurezza dello Stato, autore della nobile iniziativa, perchè mille ragioni intrinseche alla nostra civiltà contemporanea rendono supremamente difficile, se non a dirittura impossibile una guerra in Europa; e anche l'opinione pubblica e la cresciuta potenza della difensiva sono, contro gl'ingiusti e prepotenti attacchi, elementi di forza.

Ma, in ogni modo, è bene obbligare tutti gli Stati europei ad affrontare insieme, fuori di ogni scappatoia, questo sempre più arduo e più urgente problema della nostra vita contemporanea, dando almeno ad ogni Stato la responsabilità che gli tocca, se non si dovesse riuscire all' effetto pratico voluto.

Evitare, scongiurare, volta per volta, la guerra è opera umana, giusta e generosa; ma non basta. Oppresse dalla miseria, fomentate per molta parte anche dalle enormi spese improduttive, languono e periscono, di anno in anno, assai più migliaia di uomini che non possano soccombere nella guerra più sanguinosa. Ovviare, dunque, alle conseguenze rovinose di questa pace armata è più urgente e più doveroso dello scongiurare la guerra.

Si è detto che queste conferenze interparlamentari sieno e si risolvano in un'accademia; ed è erroneo, detto in questa forma assoluta, perchè ogni funzione si crea l'organo ed ogni organo la sua funzione; e questi congressi di uomini politici di ogni paese, che formano già come il rudimento di un parlamento europeo, per i rapporti che creano, pel modo come interpretano l'opinione pubblica e reagiscono su di essa, sono ben lungi dell' essere quella cosa in tutto vana che si vorrebbe da alcuni; e più efficaci ancora potranno essere e saranno, io credo, in appresso. Ma il nostro preciso e presente dovere, se vogliamo stornare per quanto è possibile da noi l'accusa di far molte vane parole, è quello d'insistere con costanza, con tenacia, con ostinazione nel chiedere quella riduzione degli armamenti, che è la premessa e la promessa del disarmo e il miglior modo di stornare la guerra.

Il disarmo non è nè può essere un'utopia in un periodo di civiltà come il nostro e mentre il proletariato ogni giorno più cosciente va gettando le basi della grande fratellanza internazionale e della grande solidarietà umana. E, poichè ci troviamo qui rappresentanti di tutti i corpi legislativi di Europa, ognuno di noi, con un'azione simultanea e concorde, porti nel suo Parlamento, con sincerità e con fede, la voce che non deve echeggiare solo qui entro, nè deve rimanere chiusa in quest'aula, ma deve ripercotersi dovunque, e dovunque deve affermarsi sempre per prevalere alla fine.

Questo volevo e dovevo dire per semplici accenni, come mi ero proposto; e, poichè non voglio abusare del vostro tempo, ringrazio il Presidente e l'assemblea della cortese attenzione, e ho finito. (*Vifs applaudissements.*)

M. LE PRÉSIDENT. — La parole est maintenant à M. Cremer.

M. W. RANDAL CREMER (GRANDE BRETAGNE). — I rise to propose the following resolution:

»Whereas, among Nations there appears to exist a general consensus of opinion that the Hague Tribunal should be regarded as a final Court of Appeal, and that before resorting to its friendly offices, every possible effort should be exhausted by Nations to peacefully adjust their differences with each other, the Inter-Parliamentary Union in Conference assembled recommends,

That whenever two Governments have differences or disputes between themselves which they are unable to settle by diplomacy, or negotiations, that such Governments shall refer the matters in dispute to a body of Arbitrators which shall be regarded as a Court of »First Instance«, to be composed as follows:

Each of the Governments immediately interested in the dispute shall appoint two or more members of the Body who shall have the power to appoint a president, or such Body may request the Hague Tribunal to appoint a president, and if a Body so constituted shall fail to settle the points in dispute, or if either party to the dispute differs from the decision, the disputants shall — having previously pledged themselves to do so — refer their differences to the Supreme Tribunal at The Hague.

Further the Conference remembering that the Inter-Parliamentary Union grew out of the efforts made in 1887 to conclude an Anglo-American Treaty of Arbitration, and that the primary object of the promoters of the Union was to induce all nations to arrange Treaties of Arbitration with each other, rejoices that France and England are likely to set an example to the world by concluding an Arbitration Treaty, and recommends for the serious consideration of the two Governments that such Treaty should provide for the establishment of a Court of »First Instance« upon the basis above indicated.«*)

When the resolution was discussed by the Council two or three members strongly opposed it. So far as I could understand their objections were three. First, that it was unnecessary, as nations

---

*) *Traduction en français:*

»Considérant que parmi les nations il paraît exister une opinion quasi unanime que l'on doit considérer le tribunal de La Haye comme un tribunal jugeant en dernier ressort et qu'avant d'avoir recours à ses bons offices, il est à souhaiter que chaque nation essaie d'abord de résoudre les difficultés qui sont survenues entre elles, l'Union interparlementaire recommande donc:

Que lorsque deux gouvernements ne peuvent pas résoudre, par les moyens de la diplomatie ou par des négociations, les difficultés qui sont survenues entre eux, ils sont priés de soumettre la question à des arbitres que l'on considérera comme formant un tribunal de première instance. Ce tribunal sera ainsi composé:

Chaque gouvernement nommera deux membres au moins de ce tribunal, lesquels auront le pouvoir de choisir un président ou pourront demander au Tribunal de La Haye de le nommer, et si ce tribunal ne peut résoudre la question, ou si une des parties n'est pas satisfaite de la décision, la question sera alors soumise au Tribunal Suprême de La Haye, chaque gouvernement ayant d'abord consenti à cet appel.

En outre la Conférence se rappelant que l'Union interparlementaire a eu son origine dans les efforts faits en 1887 afin de conclure un Traité d'Arbitrage entre l'Angleterre et les Etats-Unis et que le but final est d'arriver à amener toutes les nations à conclure des traités d'arbitrage, est heureuse de constater que la France et l'Angleterre sont à la veille de conclure un traité d'arbitrage et recommande aux deux gouvernements d'insérer dans ce traité un article établissant un tribunal de première instance sur les bases ci-dessus énumérées.«

already possessed the power to establish such Tribunals if they desired to do so; Secondly, that it was a matter of little moment what sort of Tribunals nations did set up to amicably adjust their differences; and, Thirdly, that the resolution was calculated to weaken the authority and power of the Hague Tribunal. In regard to the first two objections, I ask the Conference to remember that previous Conferences had recommended all nations to conclude Arbitration Treaties with each other, and if it was right to make such a recommendation I think that the Conference with the experience which it had gained should indicate a practical method of giving effect to such Treaties. The time for doing so is opportune, great efforts are being made to conclude a Treaty of Arbitration between France and England, and some of the promoters of the Treaty are advocating the creation of a new body which would be quite independent of the Tribunal at The Hague. The adoption of the plan set forth in my resolution would obviate such a misfortune, as, instead of an independent court being set up, there would be a body recognising the existence, authority, and supremacy of The Hague Tribunal. The Treaty between France and England is almost certain to be concluded, and it is of the utmost importance that a false start should not be made, that the first Treaty of Arbitration between any European powers should be as perfect as possible, and a model upon which others could be based. The objections to my resolution upon the ground of its being unnecessary have I think been disposed of. The other objection I consider equally fallacious. The Hague Tribunal was the child of the Inter-Parliamentary Conference which met at Buda-Pesth. We were proud of that child, and would not be likely to do anything to injure its character or weaken its power. Members of the present Conference who were unacquainted with the facts would be glad to know the story as told by the St. Petersburgh correspondent of the *Times*, and subsequently confirmed by the special commissioner who was sent to St. Petersburgh by the *Daily News*. A wellknown Russian came to Buda-Pesth and asked to be allowed to take part in the Conference, Count Apponyi strongly supported his request, but the Bureau declined to admit him because Russia, having no parliament, his admission would be a violation of the standing orders. The

Russian, however, remained in the building, prepared a report of the Conference proceedings, and forwarded it to the Czar, who was so impressed by the report that he ultimately resolved to issue the rescript which led to The Hague Convention. If the Inter-Parliamentary Union had done nothing more than bring about such a result it would be entitled to the gratitude of the world. I therefore repudiate the statement that, by my resolution, I was seeking to belittle the power and influence of the great International Tribunal which had been established by the Hague Convention. So far from trying to weaken, I am endeavouring to strengthen it, and to make it bear the same relation to European and other States as the Supreme Court at Washington did to the United States of America. I submitted my resolution to the judgment of friends in England, whose labours and experience in the cause of peace entitled them to speak with authority. All of them were opposed to setting up an arbitral or any other body which should be independent of the Hague Tribunal, but they agreed with my proposal for establishing Courts of First Instance. M. W. T. Stead, whose opinion I had invited, said, in the *Review of Reviews:*

»An admirable suggestion, made by M. W. Randal Cremer M. P., that the signatories of the Hague Convention should supplement that instrument by making separate treaties among themselves, providing for the establishment of Courts of the First Instance, consisting solely of their own representatives, for the settlement of international disputes. These Courts would settle many controversies, without bringing in the foreigner. But in every case, if either disputant were discontented with its decision, he would have a right of appeal to the Hague Tribunal, whose verdict would be final. This Court of the First Instance is a capital idea. It is a variant which is entirely in accord with the spirit of the original type of the Commissions d'Enquête provided for by The Hague Convention, and sooner or later it will be adopted by the Governments of the world.« M. Stead had grasped the exact meaning of the resolution before the Conference. It is also clear that the authors of The Hague Convention contemplated the creation of some such authority as I propose, or they would not have adopted Articles 14 and 18.

ARTICLE 14.

»International arbitration has for its object the settlement of disputes between States by judges of their own choosing and in conformity with their reciprocal rights.«

ARTICLE 18.

»Independently of general or special treaties, which may already bind the signatory Powers to have recourse to arbitration, these Powers reserve to themselves the liberty to conclude, either before the ratification of the present Article or afterwards, new agreements, general or particular, with the object of extending compulsory arbitration to all cases which they judge capable of being submitted to it.«

That The Hague Tribunal have for some reason or other not more frequently been resorted to is a matter of regret. Various reasons have been assigned for it, one distinguished Frenchman who had been a member of The Hague Convention declared that some of the European Powers were attempting to »boycot« the Tribunal. Whether they agreed or differed with Baron d'Estournelle it was clear that from some cause or other many Governments did not look with a friendly eye upon the new authority. It was possible that some nations still entertained a lingering prejudice against submitting their differences to »Outsiders« or »Foreigners«, upon the ground that their verdicts would be influenced by racial, religious, or commercial considerations. If that were so, the nations entertaining these prejudices would be sure to do their very best to settle their differences in a Court of »First Instance«. The heavy expense incurred by putting the international machine in motion was also assigned as a reason why the small Powers hesitated to appeal to The Hague Tribunal. That objection would disappear if Courts of »First Instance« were established.

My resolution, which is only recommendatory, aims at doing something to fill up the gap between the negotiations of Governments and an appeal to The Hague Tribunal. That gap was now too great, and I believe that if it was filled up by a Court of First Instance, the machinery for settling disputes by peaceful means would be vastly improved, if not perfected. (*Applaudissements.*)

M. RAHUSEN (PAYS-BAS). – J'ai demandé la parole pour combattre la motion Cremer. Je le fais avec la plus grande conviction. Cette motion ne présente, à mon avis, que des inconvénients. Elle ne présente aucun avantage, puisque l'intervention de la Cour de La Haye n'a rien d'obligatoire. Si l'on n'a pas confiance dans la Cour de La Haye, on a le droit de choisir d'autres arbitres. Le caractère facultatif que désire M. Cremer existe donc déjà. Par contre sa motion présente de grands inconvénients. Après de longues discussions, la Conférence était arrivée à se mettre d'accord sur ce principe si rationnel et même si indispensable quand il s'agit de questions internationales: une seule instance, une seule décision.

Or qu'est-ce que nous propose M. Cremer? Deux instances. On comprend aisément les difficultés qui doivent surgir, quand en première instance l'une des parties et dans la seconde l'autre est condamnée. Il est même remarquable que M. Cremer ne nous propose pas trois instances: une première, une d'appel, une de cassation. C'était un principe très juste de n'avoir qu'une seule instance et une seule décision, spécialement quand les parties litigantes sont des Gouvernements. Il est absolument à éviter qu'un Gouvernement l'emporte dans une instance, et l'autre dans la deuxième.

La Conférence de La Haye a posé un deuxième principe et a voulu que les arbitres qui décideront l'affaire offrent des garanties complètes d'impartialité. C'est pour cela que le Traité contient la clause que les arbitres qui sont de la nationalité d'une des parties litigantes sont écartés. Et M. Cremer, au contraire, veut en première instance justement le contraire. Il veut que les arbitres soient de la nationalité des parties.

Je ne veux pas abuser du temps qui m'est laissé à parler, et je crois avoir dit assez pour démontrer que la motion ne nous offre aucun avantage et présente plutôt plusieurs désavantages. Je veux même ajouter que l'adoption de la motion serait un grand pas en arrière, car elle détruirait ce qui a été établi avec tant de peine et tant de logique à la Conférence de La Haye. (*Très bien!*)

M. LE DR. MAXIMILIEN HIRSCH (ALLEMAGNE). – Ich nahm das Wort, wesentlich um zu bekunden, daß wir Deutsche, wenn wir auch in der letzten Zeit weniger hervorgetreten sind, nach wie vor der befreienden und beglückenden Idee der internationalen Schiedsgerichte vollkommen huldigen (*Beifall*), daß unsere parlamentarische Gruppe nach wie vor zu den stärksten gehört, welche existieren, und daß, wenn wir bis jetzt leider in der Richtung wenig tun und äußern konnten, dies in den wohl allgemein bekannten besonderen Verhältnissen unseres Staatswesens liegt. Ich kann aber versichern, daß die Begeisterung für die Friedensidee, besonders in der Gestaltung der internationalen Schiedsgerichte, unvermindert besteht und ich glaube im Namen der Gruppe versichern zu können, daß wir in der nächsten Session des Reichstages ernste Anstrengungen machen werden, um in stärkerem Maße als bisher für die Friedensidee Propaganda in unserem Reichstage und hoffentlich auch bei unserer Regierung zu machen. (*Lebhafter Beifall.*) Die Rolle der interparlamentarischen Union war bis vor vier Jahren die der Vorbereitung und Anregung zur Gründung eines permanenten internationalen Schiedsgerichtshofes. Seitdem wider Erwarten die Regierungen wenigstens formell auf die Sache eingegangen sind, seitdem das, was man vorher als Utopie verlacht hat, zur offiziellen Wirklichkeit geworden ist, ist es die Aufgabe der interparlamentarischen Union, die Ausführung dieses herrlichen Gedankens zu unterstützen und zu fördern, und wie wir Deutsche zur Vorbereitung das unserige beigetragen haben, so werden wir auch das unserige tun, wenn es darauf ankommt, das zu verwirklichen, was wir so lange erstrebt haben, was wir jetzt im Werke, und wenn auch langsam, so doch vorwärts gehen sehen. Ich bin in der Lage, die meisten vorgebrachten Resolutionen zu unterstützen.

Ich stimme insbesondere im Namen meiner Gruppe mit der Resolution des hochverdienten Kollegen v. Pirquet überein, der gewissermaßen das Fazit aus der ganzen bisherigen Bewegung für die Schiedsgerichte zieht.

Besonders unterstütze ich auch die Resolution Gobat, betreffend die Einfügung der Schiedsgerichtsklausel in die Handelsverträge. Es war ein deutscher Antrag, der Antrag Barth, der auf der Berner Konferenz dahin zielte und einstimmige Annahme fand. Wir gingen von der Ansicht aus, daß die Handelsverträge zu den segensreichsten Verträgen gehören, indem sie die Belebung des Verkehres aller Nationen der Erde zu allseitigem Vorteile bedeuten, und daß selbstverständlich in diesen Verträgen, die echt kosmopolitischer Natur sind, auch die Schiedsgerichtsklausel ihre Stätte finden muß, daß aus dem, was die Völker vereint und zusammenschmiedet, nicht Widerspruch und Streit und womöglich sogar Krieg entstehen dürfe. Unser hochverdienter Kollege Gobat hat heute mit Rücksicht auf die Haager Konferenz eine neue Fassung vorgeschlagen und ich bitte Sie, diesem Vorschlage zuzustimmen. Dagegen stimme ich dem verehrten Kollegen Rahusen aus den Niederlanden darin bei, daß der gewiß wohlgemeinte Vorschlag unseres altbewährten Kollegen Cremer (England), eine Resolution zugunsten anderer Schiedsgerichtshöfe zu beschließen, nicht einen Fortschritt, sondern einen Rückschritt bedeuten und unsere Anstrengungen zersplittern würde, die dahin gehen müssen, vor allem für die ganze Welt ein Tribunal zu haben, welches in den internationalen Streitigkeiten unparteiisch Recht spricht. Es ist selbstverständlich, daß es niemand den einzelnen Nationen, die sich in einem solchen Falle befinden, verdenken wird, wenn sie zunächst versuchen, sich direkt untereinander durch Schiedsgerichte in kleinerem Maßstabe zu verständigen. Nachdem wir aber den Gipfel erklommen haben, sind wir nicht in der Lage, jetzt wieder in die Täler hinabzusteigen; wir haben vielmehr alle Ursache, an dem Gipfel, an dem hohen Gedanken eines allgemeinen Welttribunals für den Frieden festzuhalten und diesem Gedanken unsere ganze Aufmerksamkeit zu widmen. (*Zustimmung.*)

Was den Antrag Robertson betrifft, so sind wir Deutsche selbstverständlich die innigsten Freunde der Verminderung der Kriegsrüstung. Auch wir erkennen in dem maßlosen Ansteigen der Rüstungen zu Lande und zur See eine schwere Kalamität für die ganze zivilisierte Welt, wir erkennen darin einen Hauptgrund der Verschärfung der sozialen Frage, und wer, wie ich und viele meiner Freunde, dieser Richtung seine hauptsächliche Tätigkeit zuwendet, wer davon durchdrungen ist, daß neben der Friedensfrage, diese die wichtigste Frage ist, die wir zu lösen haben, wird mit mir darin übereinstimmen, daß wir nicht bald genug und nicht gründlich genug eine Verminderung der militärischen Rüstungen herbeiführen oder wenigstens dazu beitragen können.

Dies aber, meine Herren, ist der Punkt, wo unsere Bemühungen anfangen, wenigstens vorläufig noch, in utopisches Fahrwasser zu geraten. Ich begreife, daß die Herren aus den westlichen Ländern mit parlamentarischem Regiment und mit einer weit älteren Friedensbewegung von solchen Gedanken erfüllt werden und auch die Hoffnung haben, sie bald zur Erledigung zu bringen. Diese Hoffnung haben wir Deutsche wenigstens zum allergrößten Teile nicht. Wir fühlen und wissen wie schwer der Weg zur Abrüstung bei uns und bei allen Nationen ist. (*Zustimmung.*) Trotzdem glaube ich, sagen zu können, daß der Gedanke der Abrüstung von Anfang an bei uns die vollste Sympathie gefunden hat, und daß wir vom Herzen diesen Bestrebungen allen Erfolg wünschen, daß aber ein Teil von uns wenigstens nicht in der Lage sein wird, für die Resolution in ihrer jetzigen Fassung zu stimmen.

Wenn die Regierungen aus eigenem Interesse und im Interesse ihrer Länder samt und sonders zur Beratung einer gemeinsamen Abrüstung kommen, so werden wir ihre Anstrengungen segnen und ihnen den besten Erfolg wünschen.

Ich hoffe, daß unsere internationale Konferenz, die sich als ein segensreicher und wichtiger Kulturfaktor erwiesen hat, auch ferner noch auf dieser Höhe bleiben und sukzessive dazu beitragen wird, daß die Friedensidee sich ausbreite, und daß die Schiedsgerichte und die übrigen Mittel wirklich dazu dienen werden, die Menschheit zu einer Familie gegenseitiger Ergänzung und gegenseitiger Beglückung zu machen. (*Lebhafter Beifall.*)

M. le Président. — Il n'y a plus d'orateurs inscrits. Je prononce donc la clôture de la discussion. Nous allons procéder au vote sur les différents points du N° 2 dans l'ordre où ils sont énumérés à l'ordre du jour. Les textes des différentes résolutions ont été imprimés et distribués.

VOTES.

La résolution présentée par le Baron Pirquet au nom du groupe autrichien concernant la Cour permanente d'arbitrage de La Haye est adoptée à l'unanimité. (N° 2 *a* de l'ordre du jour.)

La proposition du groupe danois présentée par M. Bajer concernant la pacigérance est adoptée à l'unanimité. (N° 2 *b* de l'ordre du jour.)

La proposition de M. Gobat relative à l'insertion de la clause d'arbitrage dans les nouveaux traités de commerce est adoptée à l'unanimité. (N° 2 *c* de l'ordre du jour.)

La proposition de M. Gobat relative aux bons offices est adoptée à l'unanimité. (N° 2 *d* de l'ordre du jour.)

M. LE PRÉSIDENT. — En ce qui concerne la question panaméricaine, le rapport si remarquable de M. Beernaert ne contient pas de résolution proposée. Il n'y a donc pas lieu de procéder à un vote sur cette question.

En ce qui concerne la littera *f*) du N° 2 de l'ordre du jour (Reprise des actes de la Conférence de La Haye) la résolution proposée à la fin du rapport de M. Beernaert est adoptée à l'unanimité.

La résolution de M. Robertson qui se rattache aux conclusions de M. Beernaert est adoptée à une grande majorité.

M. LE DR. PACHNICKE (ALLEMAGNE). — Pas à l'unanimité.

M. LE PRÉSIDENT. — Je l'ai constaté: il y a eu quelques voix contre.

Reste la résolution Cremer. Pour le moment, je crois, M. Cremer se contente d'avoir émis cette idée.

M. CREMER. — As two or three members were so strongly opposed to my resolution, the spirit and meaning of which they evidently misunderstood, and as printed copies of it had not been circulated among members of the Conference, who had thus been unable to form a correct and unbiassed opinion upon a resolution they had not even seen, I will not press it to a division.

M. LE PRÉSIDENT. — Je suis très reconnaissant à M. Cremer de sa déclaration qui facilite la clôture de la délibération. (*Adhésion.*)

La séance est levée à 1 heure et renvoyée au lendemain, mercredi 9 septembre, à 10 heures du matin.

SÉANCE DU MERCREDI 9 SEPTEMBRE.

La séance est ouverte à 10 heures 25.

M. LE PRÉSIDENT. — J'ai reçu du Président du comité Nobel à Christiania le télégramme suivant:

»Comité Nobel du Parlement Norvégien envoie à la Conférence ses salutations respectueuses et ses voeux sincères. (Sé) Le Président Lövland.« (*Applaudissements.*)

J'accorde maintenant la parole à M. Horst, Président du groupe norvégien, pour faire rapport sur la *Neutralité permanente des Etats Scandinaves.* (No 3 de l'ordre du jour.)

M. HORST (NORVÈGE). — Messieurs, au nom du groupe norvégien j'ai l'honneur d'exprimer notre gratitude pour l'invitation de prendre part à cette Conférence, et en même temps je me permets de saluer au nom de la nation norvégienne le peuple autrichien, qui reçoit la Conférence d'une manière si hospitalière, démontrant ainsi sa sympathie pour l'oeuvre entreprise par l'Union interparlementaire que la nation norvégienne suit avec le plus grand intérêt.

L'amour de la paix et le zèle ardent pour la réalisation de l'arbitrage international, sentiments profondément enracinés chez le peuple norvégien, se sont exprimés de la manière la plus décisive dans les adresses du Parlement norvégien au Roi de 1890 et de 1897, et dans la *demande* au Gouvernement de 1902 — les deux dernières adoptées unanimement. Les deux adresses au Roi n'expriment que le voeu que des traités d'arbitrage soient conclus entre la Norvège et les autres Puissances, tandis que la *demande* au Gouvernement de 1902 fait valoir en outre le désir que la Norvège et la Suède soient déclarées neutres d'une façon permanente. D'après la constitution de notre pays, des traités d'arbitrage pourront être conclus séparément entre la Norvège et les autres puissances, tandis qu'à cause de l'Union avec la Suède, une déclaration de neutralité, soit occasionnelle, soit permanente, ne peut être faite que conjointement par ces deux royaumes souverains et unis.

Je suis heureux de pouvoir faire à la Conférence la communication que le Gouvernement norvégien a jugé le moment présent favorable pour tâcher de réaliser la conclusion de traités d'arbitrage, et selon une Ordonnance royale du 15 avril 1903, il est permis de croire que, *dans un avenir prochain des négociations seront entamées avec d'autres Puissances, en vue de conclure des traités d'arbitrage,* et que les efforts de notre groupe et de notre Parlement pour la conclusion de traités d'arbitrage — efforts qui datent de plus de dix ans — seront couronnés de succès.

Le Parlement norvégien a, de plus, témoigné son intérêt pour le travail de la paix et de l'arbitrage en renouvelant ses crédits habituels pour le Bureau interparlementaire et le Bureau international de la Paix à Berne, ainsi que les allocations pour les délégués aux Conférences et aux réunions du Conseil interparlementaire. (*Applaudissements.*)

Le Comité Nobel du Parlement norvégien a distribué deux fois le Prix Nobel de la Paix. C'est notre espoir que les décisions du Comité ont contribué à favoriser le travail au sein de l'Union interparlementaire, aussi bien que dans les organisations pacifistes des peuples, secondant ainsi notre noble but et idéal élevé — la paix et la concorde entre les nations.

Je ne mentionnerai que très brièvement qu'il paraît que les questions unionelles en litige entre la Norvège et la Suède — dont le président d'alors de notre groupe a rendu compte en 1895 à la Conférence interparlementaire de Bruxelles — pourront être résolues en partie par les négociations entamées par les Gouvernements des deux Royaumes-Unis. Ces négociations concernent la création de services consulaires séparés pour les deux Etats, chaque service consulaire soumis au Gouvernement de chaque Etat, en remplacement du système consulaire commun, maintenant établi. C'est ce que demandent depuis longtemps les Norvégiens, conformément à la constitution de la Norvège. Une solution de cette question, conforme au droit et à l'honneur de la Norvège, sera d'un bon augure pour les deux Etats; elle va faciliter aussi la possibilité d'une solution heureuse du différend unionel restant, la question de l'administration des affaires étrangères des deux Royaumes, et fortifiera ainsi, j'espère, la foi et l'espérance des autres nations dans une solution pacifique des différends internationaux.

Pour aborder le sujet à l'ordre du jour je tâcherai de vous donner un exposé sommaire de l'état présent de la question de la neutralité des Etats scandinaves.*) Je me permettrai de faire précéder cet exposé de quelques observations simples concernant les idées fondamentales sur lesquelles nous devrons bâtir, observations que j'ai tâché de faire valoir dans la discussion de cette question au sein du Parlement norvégien, au mois de mai 1902, en qualité de président et rapporteur d'une commission spéciale nommée par le Parlement. Vous trouverez ces idées plus développés dans le Rapport sur l'activité du groupe norvégien dans les années 1901—1902, qui a été distribué aux membres de cette Conférence.

D'après les principes du droit des gens, tout Etat souverain a le droit de rester neutre pendant une guerre entre d'autres puissances, et cela sans en faire la déclaration. Une telle déclaration démontre, de la manière la plus formelle et la plus nette, que c'est la volonté expresse de l'Etat en question de se tenir en dehors des complications survenues, et l'importance en est augmentée, si l'on ajoute des déclarations nettes, constatant comment on envisage la nature et les moyens d'exécution des devoirs d'un Etat neutre.

De même qu'un Etat souverain a le droit de rester neutre devant une guerre en perspective ou éclatée entre d'autres puissances, de même cet Etat peut faire une déclaration prononçant sa volonté de rester étranger, d'une façon permanente, à la politique internationale guerrière. Par une déclaration de neutralité permanente, un Etat neutre ne renonce pas au droit de se défendre par les armes contre l'injustice et la violence, mais il renonce à tout droit de se mêler dans les querelles d'autrui. Ainsi il renonce jusqu'au droit de venir en aide à un Etat ami, quand même ce dernier serait l'objet d'une attaque injuste. Une déclaration de neutralité permanente, en soi, ne peut, aussi peu qu'une déclaration occasionnelle de neutralité vis-à-vis d'une guerre survenue, avoir de conséquence particulière en matière

---

*) Le Rapport complet du groupe norvégien sur la neutralité des Etats Scandinaves se trouve aux annexes.

de droit international, avant qu'il soit devenu une règle reconnue de droit coutumier que les puissances soient tenues de déclarer expressément qu'elles respecteront une déclaration de cette nature. Telle conséquence pour le droit international est visée par la résolution adoptée en 1895 par la Conférence interparlementaire de Bruxelles, portant que lorsqu'un Etat proclame sa neutralité permanente, cette neutralité doit être reconnue par les puissances. Cette reconnaissance implique naturellement que l'Etat qui a proclamé sa neutralité, est assez fort pour faire respecter sa position de neutre. Le pays qui a déclaré sa neutralité permanente n'échappe donc pas aux charges militaires qui sont indispensables pour la défense de son indépendance et de sa neutralité.

Cette neutralité permanente »est le plus souvent imposée à un petit Etat par une convention de puissances étrangères; mais elle peut aussi reposer sur une déclaration spontanée de l'Etat qui désire rester neutre, quand elle trouve l'assentiment exprès ou implicite des autres puissances«.*)

La question de la »garantie« de la neutralité permanente d'un pays est très obscure, et il n'est pas probable que la question controversée de la nature et de l'importance de la »garantie« puisse devenir plus claire sans des faits nouveaux. On pourra peut-être poser que presqu'aucun Etat indépendant ne cherchera à obtenir une neutralité garantie; il ne le fera en aucun cas, sans que la nature et les conséquences de la garantie soient précisées. Mais de l'autre côté la reconnaisance de la neutralité permanente du pays, de la part de toutes les grandes puissances, apportera la même sécurité qu'on a voulu créer antérieurement par la »garantie«.

L'opinion publique éclairée devient de nos jours de plus en plus forte. Une volonté nettement prononcée de s'abstenir désormais de toute ingérence dans les complications guerrières d'autrui, sera chaque jour, avec l'évolution de la démocratie, d'un plus grand poids, et elle pourra compter sur une bienveillance toujours croissante de la part des autres puissances. Il existe en Europe à présent une répugnance très répandue et très prononcée contre la guerre. Les nations pressentent qu'une guerre, éclatant en ce moment, deviendrait générale,

---

*) *Liszt:* »Das Völkerrecht" 1902, p. 45.

et aurait pour conséquences des horreurs et des misères telles que ne connaissaient pas les guerres d'autrefois. On peut donc supposer que des tentatives de limiter des guerres futures par des déclarations de neutralité, seront reçues avec tant de sympathie de la part du public éclairé, que même les gouvernements des Etats y adhèreront, et une parole une fois donnée en forme de convention internationale sera à l'avenir de plus en plus difficile à rompre.

Comme a remarqué un jurisconsulte éminent de droit international, les petits Etats ne perdront rien de leur indépendance par leur neutralité permanente, tandis que, en participant à la grande politique internationale, ils risqueront »de se faire satellites des grandes puissances ou de passer des unes aux autres par un jeu d'intrigue. Un pareil rôle serait pour eux une déchéance morale . . .«*)

On trouve un motif très sérieux dans la situation géographique des pays scandinaves, pour chercher à les garantir pour jamais du danger de la guerre, et leur neutralité permanente sera sans doute dans l'intérêt bien entendu de toute l'Europe.

Les négociations internationales éventuelles concernant la neutralité permanente des pays scandinaves seraient d'une grande importance pour le développement du droit des gens européen, et si elles aboutissaient à un résultat heureux, elles se joindraient d'une façon heureuse aux résultats importants qu'a déjà obtenus la politique de neutralité scandinave d'autrefois.

Le but final des efforts des amis de la paix sera naturellement des traités permanents d'arbitrage entre tous les Etats et le règlement des différends internationaux par des tribunaux permanents d'arbitrage. Mais jusqu'à ce qu'un tel état de choses soit créé, les déclarations de neutralité permanente de la part des Etats petits et moyens, avec notification postérieure de la part des autres Etats de leur volonté de respecter cette neutralité, contribueront puissamment à garantir les petits Etats d'être engagés dans les guerres éventuelles des grandes puissances; ces déclarations seront d'une importance incalculable dans l'œuvre toujours progressive de la paix universelle.

Quant à l'état spécial de la question dans chacun des pays scandinaves j'espère que les renseignements suivants suffiront.

---

*) *Westlake,* dans la »Revue de droit international« 1901, p. 389 ss.

En Norvège *la Societe de la Paix norvégienne*, en 1900, et *un Congrès scandinave de la Paix*, en 1901, émirent le voeu que le groupe norvégien de l'Union interparlementaire fasse accélérer autant que possible le travail pour obtenir la déclaration de la neutralité permanente tant de la Norvègé que des autres Etats scandinaves.

Suivant la proposition du groupe interparlementaire, le Parlement nomma la commission spéciale déjà mentionnée, qui, considérant

que la Norvège et la Suède sont autorisées à conclure séparément des traités permanents d'arbitrage avec d'autres Etats,

que des déclarations de neutralité — à cause de l'Union conclue entre la Norvège et la Suède — doivent être faites conjointement pour les deux Etats,

et qu'aucune démarche obligeant notre Etat ne doit être faite avant que soit obtenue, par des négociations précédentes avec d'autres puissances, une clarté suffisante sur les droits et les devoirs résultant de la neutralité permanente,

proposa au Storting d'adopter la résolution suivante:

> »Le Storting,
>
> en exprimant la conviction que les autorités norvégiennes, conformément aux désirs de la nation, tiendront toujours à travailler pour le maintien de la neutralité du Royaume,
>
> et espérant qu'après la Conférence de la Paix de La Haye en 1899 et l'établissement d'un tribunal permanent d'arbitrage, on réussira dans un avenir prochain à conclure, conformément aux adresses du Storting au Roi en 1890 et 1897, des conventions d'arbitrage obligatoire avec d'autres pays, notamment nos pays voisins,
>
> demande au Gouvernement d'entamer, dès qu'il jugera le moment favorable, des négociations concernant la question de la neutralité permanente de la Norvége et de la Suède, en essayant de la réaliser de telle sorte qu'elle assure la liberté et l'indépendance des deux Royaumes.«

Le rapport de la Commission fut discuté par le Storting le 24 mai 1902.

M. Blehr, président du ministère, déclara qu'à tous égards lui et ses collègues se joignaient au rapport déposé par la Commission.

Le Gouvernement emploierait tous les moyens utiles pour favoriser la tâche imposée par la Commission.

La proposition de la Commission, citée plus haut, fut adoptée d'un vote unanime par le Storting.

C'est un fait connu qu'on peut attendre avec les meilleures espérances le résultat des délibérations ministérielles en Norvège. Et si la cause ne dépendait que de la ferme volonté des autorités norvégiennes, la neutralité permanente de la Norvège et de la Suède serait bientôt déclarée.

En Suède, pourtant, la cause n'a pas trouvé autant d'écho chez les autorités officielles.

Déjà en 1899, M. Adolf Hedin, député, avec 23 autres députés suédois, présenta au Riksdag la proposition:

> »Que le Riksdag, dans une adresse à Sa Majesté, veuille demander au Roi d'entamer sans retard des négociations relativement à une entente entre la Suède, la Norvège et le Danemark en vue d'arrêter le texte d'une déclaration commune qui serait notifiée aux autres puissances, et par laquelle les trois Etats scandinaves se déclareraient neutres en principe et d'une façon permanente.«

La proposition était accompagnée d'une argumentation détaillée, surtout d'une forte polémique contre l'idée d'une neutralité garantie par les puissances.*)

Le Riksdag repoussa la proposition de M. Hedin, et par contre adopta la résolution suivante (3 mai 1899):

> »Le Riksdag attend que le Gouvernement de Sa Majesté ne laisse échapper aucune occasion utile pour faire convaincre les puissances étrangères que les efforts de la Suède et de la Norvège pendant un conflit entre des Etats tiers auront seuls pour but de soutenir la position neutre des Royaumes-Unis.«

En 1902 une nouvelle proposition dans le même sens a été faite au Riksdag par M. A. Hedin, avec 39 autres députés.

---

*) Ce document a été traduit en français par les soins du groupe suédois: »La neutralité des Etats scandinaves par A. Hedin«, et distribué parmi les membres de la IXe Conférence interparlementaire, à Kristiania, en 1899.

Un rapport substantiel a été soumis au Riksdag, par une de ses commissions, concluant que la proposition ne devrait occasionner aucune démarche de la part du Riksdag, une minorité de 3 membres proposant, toutefois, de faire une déclaration de neutralité auprès de toutes les puissances avec lesquelles la Suède entretient des relations diplomatiques.

Au courant des débats dans la deuxième chambre du Riksdag, qui ont eu lieu le 7 mai 1902, M. Hedin a dit qu'une telle déclaration de neutralité aurait pour but pratique de repousser les rumeurs disant que la Suède s'allierait à une grande puissance en cas d'une guerre européenne. La déclaration de neutralité exprimerait la volonté déterminée du peuple suédois de rester en dehors de telles combinaisons.

Le ministre des affaires étrangères, M. Lagerheim, a déclaré qu'il était décidé à dissuader le roi d'entreprendre aucune démarche en vue de déclarer la neutralité permanente de la Suède, cette question n'étant pas encore suffisamment éclaircie, soit par des négociations internationales, soit seulement par des recherches théoriques, pour qu'on puisse sûrement, par une démarche pratique, entrer dans cette voie. Il a ajouté que le Gouvernement avait d'ailleurs pris l'irrévocable résolution de garder la plus stricte neutralité et de s'interdire toute immixtion dans les conflits qui pourraient survenir entre les puissances étrangères.

La Chambre a rejeté la proposition des quarante députés.

En Danemark, où depuis des années déjà M. Fredrik Bajer travaille par la plume et par la parole pour la neutralité des Etats scandinaves, le Riksdag avait adopté en 1894 une résolution, qui finit par déclarer,

> que l'organisation de la défense a le seul but de nous défendre contre des attaques et de soutenir notre neutralité dans les conflits d'autres puissances,

et par émettre le voeu,

> que le Gouvernement saisisse une occasion utile pour faire reconnaître et respecter universellement cette neutralite.

En 1896, la Chambre des députés danoise, le Folketing, adopta une résolution de la même teneur que celle adoptée plus tard, en 1899 par le Riksdag suédois.

Quelque temps après est survenu le changement dans la politique gouvernementale danoise.

Le 1 juillet 1902, une députation de l'Association danoise de la Paix s'est rendue auprès de M. Deuntzer, président du Conseil et ministre des affaires étrangères, et lui a remis la résolution suivante, adoptée par le congrès national de la Paix.

> »L'Assemblée générale de l'Association de la Paix de Danemark invite instamment le Gouvernement et le Parlement danois à faire en sorte que le Danemark — si possible en même temps que les deux autres royaumes scandinaves — déclare aux puissances sa neutralité en principe et d'une façon permanente. Notre organisation militaire doit être conforme à ces bases.«

Après avoir consulté ses collègues du Ministère, M. Deuntzer, le 8 août, a envoyé la réponse suivante au bureau de l'Association de la Paix:

> »En réponse à l'adresse de l'Association de la Paix de Danemark, invitant le Ministère à prendre soin que le Danemark — si faire se peut en même temps que les deux autres Royaumes scandinaves — déclare aux puissances sa neutralité en principe et d'une façon permanente, le Ministère veut fixer son attention sur cette cause et profiter de la première occasion favorable pour sa solution.«

En résumé donc l'état présent de la question est qu'en Norvège le Storting, d'accord avec le Gouvernement, est unanimement désireux de chercher à obtenir la déclaration et la reconnaissance de la neutralité permanente de la Norvège et de la Suède; en Danemark le Riksdag et le Gouvernement sont arrivés à la même conclusion; tandis qu'en Suède les opinions se montrent encore divisées.

Nous avons saisi le Conseil de l'Union de ce sujet et nos tendances de neutralité y ont trouvé un accueil très sympathique. Dans l'état actuel de la question, il ne lui était possible que d'exprimer dans des termes généraux ses voeux pour le succès de nos efforts. Mais tout de même, nous le remercions de son intérêt bienveillant. (*Applaudissements.*)

M. LE COMTE R. HAMILTON (SUÈDE). — Évidemment nul ne saurait douter qu'il en est de la Suède comme de la plupart des petits Etats, qu'elle considère le maintien de la paix comme d'une importance majeure, afin de permettre à la nation de consacrer tout son travail à son développement social et financier.

La politique sur une grande échelle doit nous être, à nous autres Suédois, complètement étrangère; aussi bien notre monarque éclairé que le gouvernement et les représentants de toutes les couches sociales, s'accordent sur ce point: éviter toute immixtion dans les affaires ou dans les troubles du dehors. Aussi, voici près d'un siècle que la Suède voit s'accomplir son ardent désir: le maintien de la paix au dedans de ses frontières.

Tout mouvement qui pourra garantir le maintien de la paix dans la presqu'île scandinave sera donc accueilli avec joie par le peuple suédois. Cependant la question d'arbitrage est actuellement la plus populaire en Suède. Notre Roi s'intéresse vivement au développement de l'idée de l'arbitrage en général. En ceci le Roi et son Gouvernement, en Suède, se trouvent en harmonie complète avec les aspirations du peuple et l'opinion du parlement, à diverses reprises énoncée d'une manière nullement douteuse.

Aussi sommes-nous heureux de pouvoir affirmer d'une manière très positive que la question des traités d'arbitrage obligatoire non seulement est à l'étude chez nous depuis deux ans, mais qu'elle a déjà fait des progrès, en tant que des pourparlers préliminaires viennent d'avoir lieu entre les Royaumes Unis de Suède et de Norvège et le Danemark, et qu'il entre dans les vues de notre ministre des affaires étrangères de poursuivre la même voie sous peu avec d'autres Etats. (*Applaudissements.*)

M. GOBAT (SUISSE). — Voici le texte de la résolution proposée par le Conseil de l'Union interparlementaire à la suite des propositions communes des groupes suédois, norvégien et danois, lesquels se sont entendus à ce sujet:

> »Considérant que la question de la neutralité permanente des Etats scandinaves a été pendant les dernières années l'objet de l'attention sérieuse des parlements de ces Etats, et considérant que cette question est d'un intérêt général

La XIe Conférence interparlementaire exprime sa sympathie pour les efforts que ces groupes interparlementaires scandinaves font à ce sujet.«

La résolution proposée par les groupes norvégien, suédois et danois est adoptée à une grande majorité.

M. le Président. — Nous passons maintenant au N° 4 de l'ordre du jour: *Ratification de la résolution du conseil interparlementaire du 2 septembre 1901, concernant l'applicàtion de la convention de La Haye.* Je donne la parole au rapporteur, M. Gobat.

M. Gobat. — Le Conseil interparlementaire a été réuni le 2 septembre 1901 à Bruxelles, il y a pris la résolution suivante:

»A raison des faits tant de la guerre depuis longtemps engagée entre la Grande Bretagne et les Républiques de l'Afrique du Sud, que de la guerre entre la Chine et les grandes Puissances européennes; plus spécialement en vue des documents officiels et proclamations émanant des parties belligérantes, ou de leurs agents;

Considérant que la Chine a participé à la Conférence de La Haye et pris part au traité qui en a été la conséquence;

Considérant que s'il n'en a pas été de même des Républiques du Sud de l'Afrique, c'est qu'elles n'ont pas été invitées à la réunion de La Haye et que le traité constitue une convention fermée, à laquelle, par conséquent, les Etats n'ont pas le droit d'accéder;

Considérant que l'intérêt de la civilisation exige que l'oeuvre de paix tentée à La Haye puisse s'étendre à toutes les nations;

Considérant que les principes proclamés par ledit traité, quant aux lois de la guerre, ne sont que l'expression des règles du droit des gens, et qu'il y a lieu de les appliquer partout, même en l'absence de tout engagement positif;

Considérant, enfin, que jusqu'ici il n'a été fait aucune application de l'institution arbitrale établie et que cependant, même entre les Etats co-contractans, l'occasion s'en est déjà présentée;

Le Conseil de l'Union interparlementaire,

en l'absence de toute assemblée plénière de l'Union au cours de la présente année, exprime le voeu:

1. de voir la Convention de La Haye déclarée ouverte et ainsi rendue accessible aux Etats qui n'y ont pas pris part;

2. de voir les principes reconnus et proclamés quant aux lois de la guerre universellement et strictement appliqués;

3. de voir, à propos de tout différend entre nations, faire application de la procédure conventionnelle établie pour l'arbitrage international,

charge le secrétaire général de l'Union interparlementaire de communiquer la présente résolution au Bureau international de La Haye et à Monsieur le Ministre des Affaires étrangères du royaume des Pays-Bas, en sa qualité de président du Conseil administratif international. Copie en sera adressée à tous les Membres de l'Union interparlementaire.«

Nous vous demandons, conformément à nos statuts, de bien vouloir ratifier cette résolution du Conseil interparlementaire.

M. LE PRÉSIDENT invite l'assemblée à passer au vote.

La résolution du Conseil interparlementaire est ratifiée sans discussion.

M. LE PRÉSIDENT. — Nous passons au numéro 5 de l'ordre du jour: *Rapport du Bureau interparlementaire et rapport au sujet de l'Union de la Presse.*

M. GOBAT. — Le dernier rapport du Bureau interparlementaire a été présenté à la Conférence de Paris, le 3 août 1900 et publié dans le compte rendu de la Xe Conférence interparlementaire. Celui que j'ai l'honneur de vous communiquer en ce moment embrasse donc trois années; il relie notre assemblée générale de Vienne à celle de Paris.

La Xe Conférence interparlementaire n'a pas préparé beaucoup de besogne au Bureau. Lorsque les simples vœux votés en assez grand nombre par l'assemblée eurent été communiqués à qui de droit, il ne nous restait qu'une action importante à mettre en mouvement: l'union de la presse qui, sur l'initiative du groupe hongrois, avait été placée à l'ordre du jour des divers organes de l'Union interparlementaire.

La résolution votée à Paris à ce sujet fut donc communiquée aux membres du conseil interparlementaire. Notre lettre circulaire du 14 janvier 1901 les invitait à se mettre en rapport avec un ou plusieurs journaux de leurs pays et à les engager à prendre en mains l'organisation de groupes nationaux de la presse. Une fois les faisceaux formés, nous nous serions chargés de les réunir pour constituer l'Union internationale de la presse, que la Conférence de Paris avait en vue.

Nous soumettions en outre aux membres du Conseil interparlementaire les importantes propositions de MM. Beauquier et Yves Guyot visant l'institution d'un bureau international, qui serait chargé soit, d'après le premier, d'un service international de la presse, soit, comme M. Yves Guyot le demandait, de coordonner tous les documents relatifs aux affaires diplomatiques, et qui pouvait d'ailleurs cumuler l'une et l'autre de ces fonctions. Les motions de nos deux honorables collègues français entraînant dans leur réalisation une dépense annuelle dépassant de beaucoup les très modestes ressources du Bureau interparlementaire, nous engagions les membres du Conseil à étudier sérieusement le côté financier de la question. Il y eut le 29 avril une deuxième circulaire dans le même sens.

Il paraît que cette étude ne fut pas faite; car nous n'avons reçu aucune communication à ce sujet. Quant à la formation de groupes nationaux de la presse, on s'en est occupé dans un seul pays, la Suisse. Comme, cette même année 1901, le Congrès suisse de la presse se tenait à Berne, je me mis en rapport avec le comité d'organisation, lui exposai la question et le priai de la placer à l'ordre du jour m'offrant de faire l'office de rapporteur. Mes démarches n'aboutirent pas; on me renvoya au congrès international de la presse qui devait avoir lieu l'année suivante, à Berne également. C'était la meilleure occasion qui pût se rencontrer. Aussi multipliai-je les instances afin que la question fût posée. Je remis tous les documents concernant cette affaire au délégué suisse du comité central international et lui exposai le désir et les vues de l'Union interparlementaire. Soumit-il la question au comité central qui devait tenir séance à La Haye pour arrêter définitivement l'ordre du jour du congrès? Il n'assista pas à ces délibérations, je crois, et ne crut pas devoir m'en prévenir, de sorte que l'on n'eut pas connaissance au comité central de ma demande.

Néanmoins, estimant que toute omission est réparable, je m'efforçai encore pendant le congrès de saisir celui-ci de la question. Membre du congrès et vice-président du comité suisse d'organisation, je fis distribuer à tous les membres une proposition tendant à ce qu'il soit décidé que dans chaque pays les journalistes veuillent bien discuter la question de l'Union internationale de la presse et que ceux qui lui accorderaient leur adhésion se concertent afin d'établir une organisation correspondant au but que l'on se proposait. Malgré tous mes efforts, le comité central ne me donna pas l'occasion de développer cette motion.

Le parti-pris n'est peut-être pas étranger ni aux difficultés auxquelles je me suis heurté, ni à l'indifférence que la question paraît avoir rencontrée au sein du Conseil interparlementaire. Les uns entrevoyaient une espèce de tutelle que les parlements et même les gouvernements exerceraient sur la presse, ce qui était bien loin de notre pensée, les autres reculaient devant une organisation internationale. Comme si l'internationalisme n'était pas la tendance bien accentuée du temps présent et la résultante de la civilisation moderne!

Quoi qu'il en soit, les difficultés que l'on nous prédisait à Paris se sont présentées en grand nombre et, suivant mon opinion personnelle, l'Union interparlementaire doit renoncer pour le moment à voir la presse des pays civilisés adopter une organisation analogue à la sienne.

Ce serait le moment d'étudier les propositions de MM. Beauquier et Yves Guyot, dont le but est, d'une part, d'intéresser l'opinion publique au mouvement pacifiste et à la justice internationale, d'autre part, de combattre les excitations de la presse par la publication des documents. Mais il faudrait voir avant tout, si l'on pourrait trouver en Europe et en Amérique les 30.000 francs qui seraient nécessaires pour couvrir les frais d'un bureau international.

Pour ce qui concerne le travail renvoyé par la Conférence de Paris au Bureau interparlementaire, il ne me reste à mentionner que le compte rendu de cette assemblée, à la rédaction duquel j'ai coopéré et dont le beau volume, publié par l'imprimerie nationale de France, vous à été remis.

J'arrive maintenant aux autres travaux du Bureau interparlementaire, à la besogne courante de cet office.

Nous avons publié une brochure intitulée »Actes essentiels«, qui fait suite aux »Résolutions votées par les huit premières conférences interparlementaires«, imprimées en 1899 pour la Conférence de Christiania. Elle comprend toutes les résolutions votées depuis lors par les Conférences et le conseil interparlementaire jusqu'au 2 septembre 1901, ainsi que les statuts de l'Union interparlementaire et le règlement du conseil en langues française, allemande et anglaise. Cette brochure a été expédiée en un grand nombre d'exemplaires à tous les groupes.

Nous continuerons ces publications, dès que nous aurons pour une trentaine de pages de matières.

Nous avons également fait distribuer à nos membres un petit volume intitulé »Histoire sommaire et chronologique des arbitrages internationaux« (1794—1900) par H. La Fontaine, Sénateur belge, notre collègue.

Dès les débuts du fonctionnement du bureau international de la Cour permanente d'arbitrage institué à La Haye, il nous a paru qu'il était utile d'établir un contact entre cet office et le nôtre. En conséquence, nous lui avons proposé l'échange des publications et documents qui peuvent les intéresser tous les deux. Le Bureau de La Haye a bien voulu accéder à notre désir.

L' »Alliance néerlandaise de la paix par le droit« nous ayant demandé d'organiser une démonstration générale des parlements du monde civilisé en faveur du rétablissement de la paix dans les républiques sud-africaines, nous dûmes décliner l'invitation de faire un inutile effort. Cependant on pouvait tenter une timide démarche. Comme on disait que, dans certains cas, l'offre des bons offices peut être considérée comme un acte peu amical et que cette interprétation empêchait tout essai de médiation, il ne nous parut pas trop téméraire de provoquer, de la part des parlements, une interprétation plus conforme à la justice et à la raison. Nous consultâmes donc les membres du Conseil interparlementaire à ce sujet. Il n'y eut pas de réponses.

Quoique la Conférence annoncée pour l'année 1902 n'ait pas eu lieu, sa préparation et son organisation a mis le bureau à contribution, comme si l'assemblée avait été tenue. Lorsque des circonstances fortuites eurent engagé le comité autrichien, d'abord à changer la date de la Conférence, puis à l'ajourner, les convocations étaient déjà expédiées à tous les groupes.

La Conférence actuelle a pu être préparée et organisée par les efforts réunis du groupe autrichien, appuyé avec bienveillance par le gouvernement impérial, et du Bureau interparlementaire.

Nous avons voué ces trois dernières années une attention particulière aux arbitrages internationaux, nous efforçant d'en tenir l'état et de recueillir les sentences arbitrales ainsi que les mémoires des parties. Ce n'est pas toujours chose facile; il y a tant de personnes aux yeux desquelles écrire une lettre ou faire l'envoi d'un document est une besogne ingrate. Nous avons eu surtout recours à la complaisance des représentants diplomatiques accrédités à Berne, qui dans la plupart des cas ont bien voulu nous fournir les documents que nous leur demandions.

Il y a eu depuis 1900 des arbitrages entre les Etats suivants et pour les causes suivantes de conflit:

France et Chili, réclamation d'argent (l'affaire du guano),
France et Brésil, délimitation de frontières,
France et Grande Bretagne, questions maritimes,
Costa Rica et Colombie, délimitation de frontières,
Allemagne, Grande Bretagne, Etats-Unis, droits de possession aux îles Samoa,
France et Italie, délimitation de frontières à la Mer Rouge,
Grande Bretagne et Chine, affaire Kowshing,
Portugal et Etat indépendant du Congo, délimitation de frontières,
Grande Bretagne et Vénézuéla, délimitation de frontières,
Grande Bretagne et Allemagne, détention de navires,
Grande Bretagne et France, délimitation de frontières en Afrique occidentale,
Grande Bretagne et Etats-Unis, délimitation de frontières,

Grande Bretagne et France, pêcheries de Terre-neuve,
Etats-Unis et Russie, saisie de navires,
Italie et Pérou, interprétation du traité de commerce,
Etats-Unis et Salvador, réclamation d'argent,
Grande-Bretagne et Brésil, délimitation de frontières,
Chili et République Argentine, délimitation de frontières,
Grande Bretagne et Allemagne, délimitation de frontières en Chine,
Grande Bretagne et Turquie, délimitation de frontières,
Etat-Unis et Mexique, fonds pieux,
Grande Bretagne et Italie, délimitation de frontières au Soudan,
Grande Bretagne et Pays-Bas, délimitation de frontières à la Guyane,
Grande Bretagne et Russie, concessions en Chine,
France et Maroc, délimitation de frontières,
France et Vénézuéla, indemnités,
Italie et Guatémala, droit d'établissement,
Allemagne et Pays-Bas, cables sous-marins,
Etats-Unis et Danemark, vente de S. Thomas,
Allemagne, Grande Bretagne, Vénézuéla, réclamations d'argent,
Suède et Norvège, Vénézuéla, réclamations d'argent,
Etat-Unis et S. Domingue, réclamation d'argent,
Japon, France, Allemagne, Grande Bretagne, taxes sur les immeubles au Japon,
Grande Bretagne et Portugal, délimitation de frontières,
Pérou et République Argentine, délimitation de frontières,
Autriche et Hongrie, lac Meerauge.

En tout trente-six cas d'arbitrage.

Il a été conclu des traités généraux d'arbitrage entre l'Espagne et la République dominicaine, entre le Pérou et la Bolivie, comme précédemment déjà entre l'Italie et la République Argentine. En outre les Républiques de Costa Rica, Salvador, Honduras et Nicaragua ont institué un tribunal obligatoire pour ces quatre pays.

Le progrès de l'arbitrage international s'est donc considérablement accéléré depuis la fin du XIXe siècle.

Je passe au Conseil interparlementaire et j'ai le devoir avant tout de rendre hommage à la mémoire d'un de ses membres qui nous a été enlevé par la mort il y a deux ans, M. Urechia, représentant de la Roumanie, ancien ministre, vice-président du Sénat et membre fidèle et dévoué de l'Union interparlementaire depuis le début. Nous conserverons tous un excellent souvenir de ce collègue.

Le Conseil a tenu deux séances à Bruxelles, le 2 septembre 1901 et le 9 mars 1903. Aux termes des statuts celle-ci aurait dû avoir lieu en 1902, puisque la Conférence était ajournée; mais il ne fut pas possible de réunir les membres. Dans la première séance le Conseil s'occupa de l'organisation de la XIe Conférence et des diverses propositions qui devaient lui être présentées. Il prit en outre la résolution que vous avez ratifiée il y a un instant et qui fut par mes soins communiquée au Bureau international de La Haye, ainsi qu'à tous les groupes de l'Union interparlementaire.

La seconde séance du Conseil interparlementaire fut également consacrée à la préparation de la XIe Conférence et à la rédaction des projets de résolutions. La résolution suivante fut votée et communiquée au Bureau international de la Cour permanente d'arbitrage à La Haye:

> »Le Conseil interparlementaire constate avec satisfaction que plusieurs litiges internationaux ont été soumis ces derniers temps à la Cour d'arbitrage de La Haye et exprime le désir que celle-ci devienne toujours davantage l'organe attitré de la justice internationale.«

En dehors de ses séances, le Conseil interparlementaire a traité quelques affaires par correspondance, outre celle mentionnée plus haut concernant la médiation à propos de la guerre sudafricaine. Nous l'avons consulté sur l'admission des délégués de S. A. S. le Prince de Monaco, qui désirait faire application de l'article 6, deuxième paragraphe, des statuts. Cette disposition étant conçue en termes généraux, la réponse des membres ne pouvait être douteuse.

Puis M. le baron Pirquet ayant soulevé la question de savoir si l'Union interparlementaire peut recevoir des membres honoraires, les membres du Conseil furent de nouveau consultés. Leur avis fut affirmatif, sous réserve de ratification de l'assemblée générale. Il s'agissait, le gouvernement russe n'ayant pas voulu faire usage de la faculté résultant du deuxième paragraphe de l'article 6 des statuts, de conférer à des personnages de ce pays qui, à l'occasion de la Conférence de La Haye, ont acquis des titres de mérite particuliers dans le domaine de l'arbitrage international, une qualité qui leur permettrait de prendre part aux Conférences interparlementaires. Le Conseil se déclara donc d'accord pour désigner des membres honoraires. Mais même pour procéder à cet acte, il fallait nous assurer de l'assentiment du gouvernement russe. Je me mis à ce sujet en rapport avec le ministre accrédité à Berne. Le résultat ne fut pas celui que nous espérions. Le comte de Lamsdorff me fit exprimer »les plus vifs regrets du gouvernement impérial de ne pouvoir accepter l'aimable offre qui lui a été faite, d'envoyer des délégués russes aux Conférences de l'Union interparlementaire et cela pour cause d'absence en Russie d'institutions pareilles à celles dont les membres siègent aux dites Conférences«. La lettre ajoutait ceci: »Le Gouvernement impérial continuera néanmoins à suivre avec grand intérêt les travaux de l'Union interparlementaire en faveur de l'idée de la paix universelle et considère la récente démarche faite auprès de lui par le bureau de l'Union comme une nouvelle preuve des sympathies, toutes particulières et toujours très appréciées en Russie, que l'Union interparlementaire ne cesse de vouer à notre pays«.

A deux autres occasions encore, le Conseil interparlementaire a été mis à réquisition par le Bureau. Nous en parlerons plus loin.

Il me reste maintenant, pour terminer, à vous signaler les manifestations qui ont eu lieu dans différents pays de l'Union interparlementaire, au sujet de matières qui rentrent dans le cadre de notre activité et de nos aspirations. Comme j'ai dû glaner la plupart dans les journaux, il a pu m'en échapper quelques-unes.

M. Beernaert, notre honorable collègue, a exposé à la Chambre des Représentants de Belgique, la situation faite aux Etats qui n'ont pas été appelés à participer à la Conférence de La Haye, situation d'autant plus singulière que plusieurs, notamment la plupart des républiques sud-américaines, ont conclu entre eux et avec l'Espagne des traités stipulant l'arbitrage obligatoire pour tous les différends dans lesquels l'indépendance et l'honneur des Etats contractants ne se trouvent pas engagés, et suggéré au Ministre des Affaires Etrangères de porter son attention sur ces deux points: l'application des conventions de La Haye à tous les Etats civilisés qui déclareront vouloir y adhérer et la revision de la procédure arbitrale dans le sens de l'arbitrage obligatoire.

A la même Chambre, M. Paul Janson, un de nos collègues également, a invité ce corps à exprimer ses sympathies pour l'oeuvre entreprise par les collègues d'Angleterre et de France et à émettre en même temps le vœu, que la Conférence interparlementaire qui se réunira à Vienne continue et poursuive avec succès une oeuvre grandiose à laquelle on ne saurait trop applaudir.

Le Ministre des Affaires étrangères s'est associé à cette motion qui a reçu l'adhésion formelle de la droite, et de la gauche socialiste.

J'ai été avisé, par lettre du 15 août 1902, qu'il s'est formé en Bulgarie un groupe de l'Union interparlementaire. Il compte soixante membres du Sobranié et a constitué son comité.

Sur l'initiative de notre collègue, M. de Krabbe, le Folketing danois a accepté à l'unanimité et avec l'assentiment du Ministre des Affaires étrangères une motion invitant le gouvernement à insérer dans tous les traités et conventions, la clause que les différends qui pourraient surgir dans leur application seront soumis à l'arbitrage de la Cour de La Haye.

En Espagne il y a eu une manifestation de Députés et autres autorités en faveur de l'Union latine. Une adresse résumant les voeux de l'assemblée a été remise au président du conseil des ministres. Les Cortès du royaume d'Espagne ne s'occupent du reste en aucune manière de nos aspirations.

Des initiatives importantes se sont produites aux Etats-Unis, comme d'ailleurs dans les deux Amériques tout entières. Nous avons déjà vu que plusieurs traités permanents d'arbitrage y ont été conclus, même entre Etats qui se sont fait la guerre il n'y a pas longtemps, et ce qui vous a été dit de la Conférence panaméricaine de Mexico vous a mis au courant du grand mouvement qui s'accentue toujours davantage au delà de l'Océan Atlantique. Une résolution non moins importante est celle qui a été prise au mois de février dernier par les chambres législatives de l'Etat de Massachussetts. Elle est ainsi conçue: »Le Congrès des Etats-Unis est prié d'autoriser le président des Etats-Unis d'adresser aux gouvernements du monde l'invitation de pourvoir, de telle manière qu'ils jugeront convenable, à ce qu'un congrès international périodique soit établi pour délibérer des questions concernant l'intérêt commun des nations et faire aux gouvernements des recommandations à cet égard«.

Cette résolution devra être traitée par le Congrès des Etats-Unis. Elle tend, comme vous voyez, à créer un nouvel organe permanent des relations internationales. Tandis que l'initiative de l'empereur de Russie a appelé la convocation d'un seul congrès des Etats, la Conférence de La Haye, celle du parlement américain aurait pour conséquence que de nouveaux congrès se réuniraient à époques fixes.

J'arrive à la France. Notre collègue, M. d'Estournelles de Constant, dans une lettre adressée au président Roosevelt, a félicité ce haut magistrat de ce qu'à propos des conflits soulevés entre le Vénézuéla et diverses puissances, il a rappelé aux parties litigantes les devoirs que la convention de La Haye leur impose.

Le même député s'est plaint, en séance de la Chambre, de l'indifférence que les Etats européens témoignent à l'égard de la Cour permanente de La Haye, qui semble ne pas exister même pour les nations qui ont décidé sa création. L'honorable député reçut des explications satisfaisantes du ministre des affaires étrangères et comme preuve de bonne volonté, la chambre inscrivit au budget une allocation pour l'entretien de la Cour d'arbitrage. Ajoutons que la France a soumis un différend au tribunal de La Haye.

Précédemment déjà, M. d'Estournelles avait interpellé le ministre au sujet de l'oubli grave dont les puissances se rendaient coupables en négligeant de rappeler à celles qui étaient parties en guerre contre le Vénézuéla, que la Cour d'arbitrage leur est ouverte, conformément à l'article 27 de la Convention de La Haye.

Enfin, l'ancien représentant de la France à la Conférence de La Haye a formé à la Chambre des Députés le groupe important de l'arbitrage international; un très grand nombre de membres de tous les partis s'y sont inscrits. Ce groupe a désigné le Bureau interparlementaire pour être son intermédiaire avec les comités similaires des parlements étrangers. Je me suis empressé de porter à la connaissance de tous les groupes de l'Union interparlementaire la constitution de cet important rouage.

J'ai souvent insisté, peut être jusqu'à vous ennuyer, sur la nécessité de former partout des groupes parlementaires qui s'occupent particulièrement des affaires internationales et je suis heureux de constater que mon désir s'est réalisé dans le parlement d'un des plus grands Etats de l'Europe.

Le groupe français de l'arbitrage international n'a pas tardé à se mettre à l'œuvre. Un Anglais, qui n'est pas du parlement britannique, je crois, ayant préconisé la conclusion d'un traité permanent d'arbitrage entre la Grande Bretagne et la France, le groupe fondé par M. d'Estournelles s'occupe actuellement de préparer les voies par lesquelles les deux pays pourront aboutir à une entente.

A signaler encore en France l'interpellation de M. Marcel Sembat à la Chambre des députés, résumée dans cette importante affirmation, qu'il ne suffit pas d'avoir une politique de paix, mais qu'il faut que ce soit une politique activement pacifique, multipliant les actes qui doivent rendre sensibles à tous les intentions résolument pacifiques de la France.

En Italie, les sénateurs et les députés ont été invités par l'Union lombarde à appuyer la demande de réduction du service militaire adressée, en 1901, au Roi.

Le prince souverain de Monaco ayant décidé d'envoyer des délégués aux Conférences interparlementaires, conformément à l'art. 6 de nos statuts, nous ne pouvons passer sous silence la fondation de l'Institut international de la paix, à laquelle S. A. S. Albert I. a procédé par acte du 20 février 1903. Cette institution a pour objet la publication de travaux documentaires concernant le droit international, la solution des différends internationaux, la statistique des guerres et des armements, le développement des institutions internationales, la propagande et l'enseignement pacifiques, l'histoire et la bibliographie de ces questions. Cet institut est installé dans la chapelle de l'ancien Hôtel Dieu à Monaco. Il communique ses procès-verbaux au bureau interparlementaire.

Le groupe norvégien pour lequel il vous a été remis hier un rapport imprimé sur son activité, a concentré tous ses efforts sur la question de la neutralité des Etats scandinaves, qui lui paraît être non seulement la meilleure garantie de la paix, mais aussi un moyen d'alléger les charges des nations. La question à laquelle nos collègues norvégiens consacrent leurs efforts paraît recontrer quelque opposition en Suède. Cependant le parlement suédois s'en occupe aussi; j'ai du moins reçu un document qui a été déposé sur le bureau de la seconde Chambre par des membres du groupe interparlementaire de Suède et qui a pour but de démontrer que dans le passé la Suède a maintes fois déclaré sa neutralité.

Le parlement portugais continue à témoigner de son intérêt pour nos aspirations, en nommant lui-même les membres de son groupe de l'Union interparlementaire, fait unique et très remarquable dans les annales des parlements. Un député a fait rapport à la Chambre sur la Conférence de Paris; un autre en a publié un très substantiel qui a été distribué. Un troisième membre du groupe a donné des conférences sur les actes de la Conférence de La Haye et publié un volume sur ce sujet. Notre collègue, M. de Païva, a provoqué et recueilli une quantité de démonstrations officielles en faveur de l'arbitrage et de la paix, de municipalités, d'académies, d'instituts et de sociétés. Ces adresses m'ont été remises officiellement.

Enfin il nous reste à signaler deux manifestations qui se sont produites au parlement de la Confédération suisse dans le sens des aspirations de l'Union interparlementaire. C'est d'abord une adresse envoyée par un groupe de députés du Conseil National au groupe interparlementaire de la Chambre des Communes de la Grande Bretagne, au mois de décembre 1900, témoignant le désir qu'il soit mis fin par une entente amiable à la guerre sud-africaine. Puis une invitation adressée, sur l'initiative de celui qui a l'honneur de vous parler, au conseil fédéral de la Confédération suisse, afin que cette autorité fasse insérer dans les traités de commerce et autres arrangements analogues la clause que les différends qui pourraient surgir dans l'application de ces traités, soient soumis à la Cour permanente d'arbitrage de La Haye. Cette motion ayant été votée par les deux Chambres, à l'occasion de la discussion du tarif douanier, la compétence de la Cour permanente d'arbitrage de La Haye se trouve ainsi reconnue, en principe, par la Suisse.

J'ai porté l'une et l'autre de ces manifestations à la connaissance de membres du Conseil interparlementaire, en les priant d'en provoquer de pareilles dans leurs parlements. Nous avons vu que la seconde a suggéré à M. de Krabbe en Danemark une motion analogue, qui a été également couronnée de succès.

Ma revue terminée, qu'il me soit permis d'ajouter une réflexion. Parlant du mouvement pacifiste l'autre jour, à la Chambre des

Députés de France, M. Delcassé, ministre des affaires étrangéres disait: »Ce n'est rien moins qu'une révolution qui s'accomplit.« Si nous considérons que depuis trois ou quatre années le nombre des arbitrages internationaux a augmenté dans une énorme proportion, que l'autorité de la Cour permanente de La Haye s'est enfin imposée aux gouvernements, que plusieurs traités permanents d'arbitrage ont été conclus et que des puissances de premier ordre se laissent pénétrer du sentiment qu'il faudra bien finir par l'établissement de la légalité internationale, l'expression de l'honorable homme d'Etat français ne paraît nullement excessive.

L'Union interparlementaire a joué un rôle dans cette révolution et le succès est palpable. Néanmoins son œuvre ne fait que commencer; mais son programme se dessine d'une manière toujours plus précise. Dans le domaine de l'arbitrage, il reste à rendre la convention de La Haye applicable à tous les Etats du monde sans exception et à améliorer la procédure arbitrale tracée dans cette convention; il reste surtout à travailler en vue de l'arbitrage obligatoire. Un deuxième point est la convocation périodique de Conférences semblables à celle tenue à La Haye en 1899, en d'autres termes, la Conférence des Etats érigée en institution politique internationale. Et mon troisième point serait la réduction progressive des forces armées de terre et de mer, la réduction de ces charges énormes qui ne seront pas toujours acceptées par les peuples et qui aboutiront nécessairement à la plus effroyable des révolutions, si l'on n'y apporte des allègements sensibles. Certes nous n'avons pas la prétention de trancher la question. Notre devoir est d'étudier la réduction des armements et de la vulgariser, de la faire entrer dans la discussion internationale, exactement comme nous l'avons fait pour l'arbitrage. La plupart de nos membres ont pu considérer jusqu'ici cette question comme une espèce de monstre auquel on ne peut toucher sans se piquer les doigts. Mais la Conférence de La Haye ayant exprimé le vœu qu'elle soit mise à l'étude pour fair l'objet des délibérations d'une Conférence future, il en résulte, à mon avis, la nécessité absolue pour l'Union interparlementaire, d'étudier les voies et moyens de réduction de forces armées et des budgets militaires. (*Applaudissements prolongés.*)

M. LE PRÉSIDENT. — La discussion est ouverte sur le rapport du Bureau et sur le rapport au sujet de l'Union de la presse. Je donne la parole à M. Lewakowski.

M. LE DR. CHARLES LEWAKOWSKI (AUTRICHE). — Vous venez d'entendre, que pour de certaines raisons, notre bureau n'était pas en état de donner suite à la résolution votée par nous à Christiania au sujet du droit international; bien que je regrette sincèrement que nous ayons perdu beaucoup de temps dans une cause de premier ordre, je ne veux pas examiner ces raisons, et vous proposerai simplement de reprendre cette résolution; mais comme beaucoup d'entre nous n'étaient pas présents à Christiania et qu'un grand nombre de nouveaux adhérents de l'Union sont présents ici, il faut que j'explique en quelques mots de quoi il s'agit.

Vous savez tous, que chaque association humaine, soit une institution commerciale ou sociale, quand elle est fondée, introduit certaines règles, certains principes, certaines lois, qui, en suite, sont codifiés et règlent les droits et les devoirs de cette institution.

Ce procédé est le fruit de la civilisation humaine, et est partout observé dans les états civilisés.

Seuls les Etats et les nations qui les forment ne possèdent pas un pareil code, et leurs relations réciproques ne sont pas codifiées.

Vous me direz que, cependant, un droit international existe, qu'on l'enseigne dans toutes les universités, qu'il y a toute une bibliothèque là-dessus. C'est parfaitement vrai — mais chaque professeur vous dira entre quatre yeux, qu'un code international authentique, reconnu comme tel par tous les Etats, n'existe pas.

C'est la création d'un pareil code que j'ai proposée, et vous conviendrez, que ce n'est pas une cause de peu d'importance.

Car c'est un nouveau et formidable rempart, que nous aurons érigé, pour le principe du droit et de la légalité, contre le principe de la force brutale et de l'anarchie qui règnent dans les relations entre les états et les nations. C'est seulement alors, qu'une base solide existera pour les décisions de la cour d'arbitrage.

Lors de la discussion, sur ma proposition, de préparer un code international, qui serait voté par tous les parlements, et reconnu authentique, tous les orateurs ont admis l'utilité et le grand besoin d'une pareille œuvre de législation, et même celui des orateurs qui à Christiania a le plus combattu ma motion, le délégué de l'Allemagne, M. le professeur von Bar, reconnaissait la haute portée de cette proposition. Il s'efforcait seulement de prouver que c'était là pour notre Union une tâche trop lourde, que même si nous parvenions à voter un pareil code, ce serait un travail inutile, en face de la difficulté de décider tous les parlements à le voter uniformément, tous les Etats à l'accepter et à s'y soummettre. D'autres orateurs ont soulevé la question de savoir si notre Union possède l'autorité et le mandat nécessaires, pour tenter une pareille entreprise? Je ne crois pas d'abord, qu'il existe une autre association internationale, qui, au point de vue moral, aurait plus d'autorité que notre Union pour exprimer, au nom des différentes nations, des idées indépendantes sur leurs relations réciproques. Le mandat, nous pouvons nous l'approprier, comme tout autre que nous avons exercé depuis le commencement, en pratiquant l'officium boni viri, au service de l'humanité. Il est bien entendu que, dans un sens restreint, nous n'avons pas le droit de voter des lois, que nous ne possédons pas un pouvoir effectif de donner une sanction à nos décisions, mais notre Union possède toute l'autorité, tous les droits, pour former et conduire l'opinion des peuples qu'elle représente. Cette opinion publique, c'est le seul moyen que nous possédions; mais c'est aussi notre force; c'est grâce à elle que nous avons décidé les puissances, à s'occuper des questions que nous avons soulevées. Assurément un code international préparé et voté par notre Union, ne sera pas accepté aussitôt, par tous les parlements, sanctionné par tous les Etats; on n'y arrivera pas du jour au lendemain; ce sera d'abord une base pour un travail plus détaillé, dans les différents parlements, pour un résultat commun. Mais pourquoi un droit international uniforme ne serait-il pas voté par tous les parlements?! Rien qu'en forçant à la discussion publique d'un code du droit international, nous aurons contribué à une œuvre des plus civilisatrices de notre époque.

Pourquoi hésiter? Tout ce que nous avons fait pour l'arbitrage, a été concédé sous la pression de l'opinion publique que nous avons mise en éveil!

Le but de notre Union est le rapprochement des nations, sur la base de l'amour réciproque de la justice et de l'équité. Nous avons d'abord réclamé le désarmement universel, en denonçant les guerres, comme un moyen des plus barbares, indigne de l'humanité, de trancher les conflits entre les nations; mais nous avons bientôt abandonné cette cause, en face de la résistance inflexible des grandes puissances qui, depuis, ont doublé leurs armements, et nous nous bornons à essayer de remplacer les guerres par l'arbitrage. Je reconnais parfaitement l'importance de ce qui a été obtenu dans cette direction. L'existence légitime de la cour d'arbitrage de La Haye, a suffi pour imposer un frein a l'esprit agressif de certains empires, et a déjà, en plusieurs cas, rendu de bons services. Il est certainement de notre devoir de persister dans cette voie, et de tâcher de faire tout, pour changer le droit facultatif d'user de l'arbitrage, en un devoir obligatoire pour tous les Etats.

Mais pourquoi nous arrêter là? Tâchons aussi d'étudier, de reconnaître les véritables causes des guerres, et efforçons-nous de trouver tous les moyens pour les écarter. L'arbitrage en est un; mais il y en a d'autres encore, et la création d'un code international uniformément rédigé, accepté par tous les Etats, pourvu de la garantie de tous les peuples, ne serait pas le moins important, seul un pareil code pourrait donner une base solide aux décisions de la cour d'arbitrage. Nous voyons que chaque année de nouvelles questions litigieuses surgissent, qui jettent le monde entier dans le trouble, rien que parce que la tendance expansive des grands empires ne trouve aucune entrave sur son chemin. Car le droit des gens tel qu'il existe, ne joue pas d'autre rôle dans la jurisprudence, que la phrénologie dans les sciences naturelles. Il y a toute une bibliothèque à ce sujet; un savant prétend que telle bosse sur le crâne humain correspond à l'inclination au brigandage, un autre savant l'attribue à une autre bosse. Il y a des cours de phrénologie, mais aucune académie ne la reconnaît en tant que science positive. De même une puissance, qui se sent forte en face de son adversaire, se rit aujourd'hui du droit des gens actuel.

Elle ne se sent pas du tout liée par ce droit privé de toute sanction judiciaire et ne relevant d'aucune autorité, toléré seulement pour ainsi dire. Qui oserait nier, qu'une des causes, ou plutôt des prétextes des guerres, c'est précisément le défaut d'un pareil code, obligeant les Etats à suivre certaines règles dans tout conflit d'intérêts, certains principes dans toute action internationale. Telle puissance, le cas échéant, se servira de l'interprétation qui lui convient et déclarera la guerre. Le droit international actuel ne l'empêche pas du tout de préparer, de longue main, les prétextes voulus, et elle les exploite, non seulement envers les populations à demi civilisées, mais aussi envers les petits Etats, civilisés et chrétiens. Envers ceux-là, on garde encore quelque peu le decorum pendant la guerre et après la conquête; mais envers les populations à demi civilisées on emploie les moyens les plus barbares. Il suffit aujourd'hui qu'un officier, à la tête d'une centaine d'hommes, munis des moyens de destruction les plus affreux, passe par une contrée habitée par une population tranquille, établie-là depuis des siècles, pour que cet officier ait le droit de statuer que son souverain est le propriétaire de tout le pays, de déposer les chefs indigènes, de confisquer leurs biens, et de forcer les habitants à des travaux d'esclaves. Si la population résiste, les villages sont incendiés, les hommes et les femmes massacrés; puis on chante le Te Deum, dans les capitales, pour glorifier de pareils faits d'armes. Si les contrées sont trop étendues, pour qu'on les occupe à main armée, on s'en déclare le protecteur, et lentement on prépare leur assujettissement par les mêmes moyens. On invente de nouvelles conceptions juridiques dont l'élasticité ne laisse rien à désirer, comme »la sphère d'influence«, »la sphère d'intérêts«, et tout en se disputant, on se partage le butin en bons associés. Sous prétexte de civilisation, de religion chrétienne, les missionnaires s'établissent dans le pays; à de rares exceptions près, ces religieux ne sont pas autre chose que des agents de commerce, souvent même expulsés de chez eux et subventionnés là-bas. Ils se rendent insupportables aux indigènes, on essaye de les chasser, et bientôt la bible se trouve remplacée par la mitrailleuse. La pauvreté, le vice et les maladies de notre civilisation font le reste.

Et cela s'appelle aujourd'hui la colonisation. Je ne veux pas citer des exemples, car toutes les grandes puissances emploient les mêmes moyens avec plus ou moins d'égards pour les indigènes, selon leur propre degré de civilisation et leur propre intérêt. N'est-ce pas notre tâche de forcer l'opinion publique de s'occuper de ce désordre moral, de chercher à le remplacer par des règles généralement reconnues qui mettraient une limite à ces procédés honteux.

Une autre cause des guerres les plus atroces, c'est le sort que subissent les nations, qui se trouvent en minorité dans l'Etat auquel elles appartiennent. C'est pourquoi en soumettant ma proposition à la décision de la haute assemblée à Christiania, j'ai visé un droit international, qui règlerait les droits et les devoirs, non seulement entre les Etats, mais aussi entre les nations; qui établirait des principes inébranlables, concernant l'incorporation des différentes nations dans un Etat commun. Il est incontestable, que le *jus gentium* originaire était basé sur cette conception, et que ce n'est que l'esprit des conquérants et l'avidité des grandes nations, qui en ont faussé la portée. L'ancien *jus inter gentes*, était non seulement un droit public externe, il comprenait en même temps un droit commun à tous les hommes, et plaçait ainsi certains droits individuels, certains rapports entre les nations qui constituaient un Etat commun, sous la garantie de toutes les nations qui le reconnaissaient. Il portait alors, avec raison, le nom de droit international. Les interprètes savants du présent droit des gens, s'efforcent de justifier l'écart de l'ancienne jurisprudence, en prétendant qu'il est impossible d'établir la définition d'une nation, et puisqu'on ne saurait appliquer les principes du droit international aux peuplades à demi civilisées qui ne respecteraient pas elles-mêmes ces principes. Or il ne faut pas beaucoup d'érudition pour comprendre que c'est la langue et une culture spéciale pendant des siècles, qui distinguent une nation d'une autre, qu'il est très facile d'établir une différence sommaire entre les peuples presque sauvages, et les nations qui possèdent une langue formée par le travail littéraire des siècles, une civilisation parfaitement égale à celle des grandes nations européennes, et un passé historique bien connu.

Si les professeurs du droit des gens actuel ne veulent pas l'admettre, c'est qu'ils sont tenus d'enseigner ce droit, tel qu'il est, dans l'intérêt des puissances actuelles et de le maintenir, comme une théorie confuse, instrument commode pour tout dessein. Mais cela n'empêche pas, que les siècles marchent, la civilisation avance et que c'est le droit incontestable de la science de marcher avec son temps, que c'est son austère devoir de porter la lumière sur les points défectueux de cette jurisprudence! Or, ce qui était plus ou moins bon, il y a des siècles, ne suffit plus aux besoins de l'humanité aujourd'hui que civilisation marche d'un pas rapide, et avance à chaque décade. La communauté des intérêts de tous les peuples croît avec chaque nouvelle invention, qui soumet le temps et l'espace au service de l'humanité et réclame impérieusement qu'on donne une base moderne au droit international, que ce droit règle les droits et les devoirs, non seulement entre les Etats, produits éphemères des intérêts dynastiques et des luttes brutales, mais aussi entre les nations qui les composent, en sauvegardant même les droits des populations à demi civilisées.

Chaque homme qui vient au monde apporte dans la société humaine des droits imprescriptibles, tels que d'employer la langue que ses parents parlent, de conserver leurs mœurs, leur culture, la religion de son peuple, et d'être traité, en ce qui concerne ses droits civiques, comme tout autre citoyen de l'Etat auquel il appartient, quand même il se trouve membre d'une minorité nationale dans son Etat.

De ces droits primordiaux qui étaient cependant sauvegardés par l'ancien droit des gens, qu'est-il resté dans le droit international actuel? On n'admet plus, en ce qui les concerne, d'autres règles, que la bonne volonté des souverains, en leur recommandant de se conduire d'après les lois de la morale naturelle. Quand on se rend compte, de quelle façon cette loi morale est appliquée par certains Etats, il faut être aveugle pour ne pas comprendre ce constant danger pour la paix internationale, qui en résulte nécessairement. Est-ce que, en proposant la Conférence de La Haye, la circulaire russe, adressée, le 12 août 1898, aux cabinets de l'Europe, n'a pas proclamé pour base de la future organisation des relations entre les peuples, deux principes fondamentaux, imprimés en grandes lettres, »la justice et le respect des droits des nations?!« Le monde entier a applaudi à ces paroles généreuses, et la première démarche pour prouver la sincérité de paroles de ce Gouvernement fut l'abolition de la Constitution de la Finlande. Croyez-vous que des nations traitées de cette façon peuvent subir un pareil sort sans se révolter?

Les grandes nations qui se partagent le monde aujourd'hui ne devraient pas oublier que, par les temps qui courent, quand la force prime le droit, aujourd'hui libres, elles peuvent se trouver assujetties demain. Est-ce qu'un Allemand alors, un Français, ou un Anglais, supporterait tranquillement que, sur sa terre natale, sa langue soit proscrite, dans l'école, dans l'administration, dans les tribunaux? Qu'on lui défende de l'enseigner à ses compatriotes, à ses enfants même? Qu'on martyrise ses enfants, quand ils ne veulent pas apprendre leur religion dans une langue qu'il ne comprennent pas? Qu'on les déporte, sans jugement, pour des faits inconnus à eux-mêmes?!

Est-ce qu'il supporterait tranquillement qu'on lui enlève toutes ses institutions, le produit d'une civilisation séculaire, qu'on lui défende d'acheter le sol de sa patrie, ou de le vendre ou léguer à son compatriote, pas même à ses parents, qu'on décrète des lois exceptionnelles envers lui, qu'on restreigne tous ses droits civiques, qu'on le force brutalement de changer sa religion, sa nationalité, jusqu'à son nom, qu'un gouverneur exerce sur lui une autorité sans contrôle, et sans appel, et que son Souverain auquel il vient de se plaindre, au lieu d'intervenir, prêche ouvertement la guerre sainte contre lui et contre sa nation! Un Anglais, un Français ou un Allemand, qui subirait un pareil joug sans se révolter serait un misérable!

M. Le Président. — Je fais observer à l'orateur qu'il s'éloigne trop du sujet de l'ordre du jour et je l'invite à comprimer un peu ses déductions.

M. Lewakowski. — Ainsi nous, Polonais, depuis un siècle, nous avons essayé trois fois de nous en défaire, en Russie et en Allemagne. Nous sommes seulement vingt et quelques millions, mais nous ne sommes pas les seuls en Europe, nous sommes triplés par d'autres nations opprimées comme nous et les millions de sujets composant les armées des grands empires qui nous oppriment, commencent à comprendre que ce ne sont pas eux qui profitent d'un pareil régime.

Voilà encore où est le danger pour la paix universelle, et cela ne changera jamais, tant que les droits des nations ne seront pas respectés par les Etats et mis sous la garantie de toutes les nations, tant que les relations entre nations ne seront pas réglées par des principes immuables.

Comment peut-on rêver de la paix universelle, du désarmement, quand de pareils systèmes de gouvernement existent?! Mais ils ne peuvent être maintenus que par la force brutale, par le terrorisme. Ces empires ne peuvent pas diminuer leurs armements, ni même les limiter, au contraire ils sont forcés de les augmenter coûte que coûte.

Les Anglais qui en 1898 avaient un budget de dépenses de deux milliards 250.000 Francs, en payent aujourd'hui quatre milliards! Cela va partout en croissant, car les autres petits Etats sont forcés par la peur, de s'armer aussi.

Tous les souverains s'empressent de parler de leur sollicitude pour la paix tout en augmentant en même temps leurs armées; et c'est précisement ces grandes armées qui sont le plus grand danger pour la paix; elles surexcitent l'esprit de conquête, provoquent des expéditions douteuses, épuisent les pays, en les privant de leurs plus fécondes ressources, et en même temps sont une menace constante contre la liberté des peuples.

La paix armée dont l'Europe est victime depuis trente années, ramène par le militarisme l'esprit de réaction féodale, et fait reculer l'humanité d'un siècle entier.

Y a-t-il une raison plus urgente, pour remplacer ce système désastreux, barbare, par une entente cordiale entre les nations? Par des tribunaux dont les décisions seraient respectées par tous les Etats, et basées sur un code international authentique, accepté par tous, d'un code dans lequel on aurait introduit les mêmes principes de justice et d'équité que chaque Etat civilisé a introduit dans son code civil?

Propagée par nous, cette œuvre serait digne d'une association comme la nôtre; ce serait un moyen de plus pour parer aux guerres, et mettre une limite à ce désordre moral qui règne dans les relations entre les nations.

Le flambeau de la vérité et de la justice en main, marchons à la tête de l'humanité vers un avenir meilleur! (*Bravo!*)

M. LE COMTE APPONYI (HONGRIE). (*Applaudissements.*) — Parmi les matières si multiples dont traite le rapport de M. Gobat, il en est une qui m'impose presque l'obligation morale de prendre la parole. C'est la question de l'Union de la presse. Cette proposition a été lancée par le groupe hongrois, et j'ai eu l'honneur de la défendre à la tribune. Maintenant qu'il s'agit de l'enterrer, il est équitable au moins que je sois admis à prononcer une courte oraison funèbre. (*On rit.*) Pourtant je ne suis pas assez résigné pour lui rendre les derniers devoirs. Il est des enterrements suivis de résurrection. L'enterrement dont il s'agit est de ceux-là. Nous étions déjà arrivés à un certain résultat : trois groupes nationaux de la presse s'étaient constitués ; le groupe hongrois, le groupe suisse et le groupe portugais. Il est dans la nature des choses que ces tronçons épars devaient être dépourvus de toute vitalité : déjà le groupe hongrois de la presse a cessé d'exister.

Il en est en effet des désarmements moraux comme des désarmements matériels. Le désarmement matériel ne peut s'effectuer que simultanément. Il est impossible que l'un désarme si l'autre ne fait pas de même. (*Très bien.*) De même, la presse ne peut désarmer que d'une façon simultanée et internationale. On ne peut même conseiller le désarmement à la presse de son pays qu'à cette condition. (*Applaudissements.*)

Voyons les arguments qu'on oppose à notre proposition. J'en ai entendu deux. Si, dans certains pays, on n'a abouti qu'à un résultat négatif, c'est que — c'est le premier argument — les représentants de la presse n'étaient pas favorables en thèse à l'arbitrage international. A cela il n'y a évidemment rien à répondre. Mais, et ceci est plus singulier, un autre groupe s'est heurté à un résultat négatif par la raison que la presse de ce pays se déclarait d'ores et déjà acquise aux idées d'arbitrage. L'échec a donc été causé, dans le premier cas parce que la presse n'est pas pacifique, et dans le second cas parce que la presse est pacifique. Je me demande dans quelle situation mentale la presse doit être pour que l'on ne soit pas pris entre les cornes de ce dilemne. (*On rit.*)

Mais reprenons les deux griefs, et examinons d'abord le second, qui consiste à dire que le groupement est inutile pour la partie de la presse déjà acquise à nos idées. Depuis que le monde existe, il n'a jamais été tenu pour superflu de réunir les forces qui poursuivent un but commun. Toujours, au contraire, on a cherché à grouper en faisceau les éléments de propagande et de succès : partout l'on a mis en pratique la devise qui proclame que l'union fait la force. Il y a autre chose. Sous ce refus de s'organiser, je vois un phénomène dont la cause est profonde, et qui se reproduit partout où un pouvoir quelconque se trouve en présence d'une tâche. Il est dans la nature de tout pouvoir de chercher à s'étendre et à éloigner de lui-même toute limitation. Tous les grands progrès humains ont dû subir une étape où les pouvoirs ont essayé de les faire valoir d'après leur bon plaisir. L'évolution qui a précédé la Révolution française en est un exemple frappant. Les idées humanitaires étaient dans l'air. Ne parvenant pas à les étouffer, les gouvernements voulaient s'en emparer et faire croire aux peuples que c'était par l'effet de leur bon plaisir qu'ils en jouissaient.

De même, la presse est un des plus grands pouvoirs des temps modernes. Mais elle répugne à la limitation, elle répugne à la contrainte, et préfère le régime du bon plaisir. Ceci pour moi n'est pas décourageant, c'est au contraire encourageant. Car peu à peu tous les pouvoirs ont dû se convaincre que ce n'était pas pour eux une déchéance de s'imposer une limitation, mais au contraire une gloire et un agrandissement que de s'entourer d'institutions donnant une garantie à ce qui n'était auparavant qu'un don du bon plaisir. Je crois que le moment viendra où cette puissance flottante, la presse, se convaincra aussi de l'avantage qu'il y aurait à adopter le cadre fixe d'une organisation pour le service des idées qu'elle déclare déjà avoir acceptées. (*Applaudissements.*)

Mais venons-en maintenant à cette catégorie de la presse qui n'entend pas se rallier à notre idée, parce qu'elle n'est pas convaincue de la justice de notre cause qu'elle considère comme une utopie. Ces journalistes-là sont comparables aux gens qui traversent le monde sans voir ni entendre. Car, je vous le demande, est-il donc possible de se refuser à l'examen des faits, est-il possible de ne pas voir la portée extraordinaire de ce seul fait que, quelques années seulement après la fondation de l'Union interparlementaire, les principes de nos revendications ont reçu une réalisation incomplète certainement mais parfaitement capable de fonctionner, sanctionnée qu'elle est par l'adhésion de toutes les puissances civilisées qui ont donné cette adhésion en déclarant unanimement que les puissances signataires considèrent l'arbitrage comme le moyen le plus juste pour mettre fin aux différends des nations. (*Applaudissements.*)

Peut-on d'autre part ne pas se rendre compte de l'importance de la visite qu'un groupe nombreux de membres du parlement français viennent de faire à leurs collègues du Parlement anglais et que ceux-ci vont leur rendre? Les Anglais, à qui l'on peut tout reprocher, sauf d'être des rêveurs! Et pourtant ces hommes si éminemment pratiques, on les voit à la tête de la manifestation qui s'est produite pour recevoir les hommes politiques français qui venaient apporter la parole de la paix et de l'arbitrage. Ici même, nous avons entendu le chef du cabinet autrichien, homme éminent que personne ne qualifiera de rêveur, homme pratique, qui a émis l'opinion que l'arbitrage obligatoire viendra couronner nos efforts; nous avons entendu le Comte de Nigra, l'élève de Cavour, nous l'avons entendu, dis-je, proclamer l'avènement de l'ère de l'arbitrage.

Eh bien, en présence de tous ces phénomènes, je crois que les gens qui veulent être spirituels à tout prix devront changer d'attitude. Déjà même, on peut le dire, il n'est plus spirituel de dénigrer les tendances pacifiques. C'est désormais bien suranné, ce genre d'esprit! Et si l'on veut être considéré comme un homme politique sérieux, je crois qu'on est en bonne compagnie en fait de politique pratique quand on voit à ses côtés des hommes tels que Balfour, Chamberlain, Delcassé, Koerber, Nigra. (*Applaudissements.*)

Et ici je crois nécessaire de rencontrer une objection, toujours la même. Ces esprits arriérés qui cherchent toujours encore à redire au mouvement pacifique et qui cherchent des prétextes pour le dénigrer, disent qu'on n'abolira jamais les guerres tant qu'on ne modifiera pas la nature humaine. Invariable banalité! Assurément, on n'extirpera pas plus la guerre que les passions et les vices. Mais si l'on s'était toujours inspiré de cette théorie désespérante, aucun des progrès de l'humanité ne se serait jamais accompli. (*Très bien.*)

A ceux qui s'efforcent de répandre la lumière, il y a toujours eu des gens pour dire: »A quoi bon? Vous ne supprimerez tout de même pas l'ignorance!« S'ils s'étaient arrêtés à cette banalité combien plus complètes encore seraient les ténèbres dans lesquelles végète une partie de l'humanité. (*Très bien.*)

A ceux qui multiplient les institutions de médecine et d'hygiène, qui cherchent à découvrir des remèdes de plus en plus puissants contre les maux physiques qui nous guettent de toutes parts, les mêmes hommes crient: »Renoncez donc à ces efforts superflus; quoi que vous fassiez, vous n'abolirez pas les maladies!« — Assurément non, mais on les diminuera, et l'on allongera d'autant la durée de la vie humaine. (*Bravos.*)

A ceux qui travaillent dans une sphère quelconque à l'amélioration morale de l'humanité, aux législateurs qui combattent la criminalité, dira-t-on: »Vous êtes des utopistes, vous ne supprimerez jamais le crime« — non, sans doute. Mais ils arriveront à diminuer la criminalité.

Est-il nécessaire de continuer à citer des exemples pour prouver que ceux qui s'imaginent ainsi parler au nom du bon sens, feraient, si on avait le malheur de les écouter, retomber l'humanité dans la barbarie et l'ignorance? (*Applaudissements.*)

Je ne sais s'il y a parmi vous des mathématiciens. Je ne le suis pas. Et pourtant, c'est aux mathématiques que je veux emprunter une comparaison. J'étais très mauvais élève en mathématiques, et pourtant il y a une thèse mathématique qui m'a toujours frappé depuis qu'il y a 42 ans de cela, elle me fut au collège exposée pour la première fois. C'est cette thèse que je me rappelai lorsqu'il y a cinq ans je fondai le groupe de la presse hongroise. Je veux parler du théorème de la ligne courbe qu'on appelle hyperbole et de la ligne droite qui est l'asymptote de cette ligne courbe. Ces deux lignes obéissent à une loi étrange: en les continuant, on les rapproche indéfiniment sans que jamais elles arrivent à se toucher. Mon intelligence juvénile était frappée par cette apparente contradiction: cela me semblait absurde; c'est précisément ce qui fait que cette loi mathématique s'incrusta dans mon esprit.

Eh bien, j'ai compris depuis que cette loi est aussi la grande loi du progrès humain. Marchons résolument vers l'idéal. Il ne serait pas l'idéal si nous pouvions jamais l'atteindre. Mais nous nous en rapprochons indéfiniment, et je crois que c'est une raison pour continuer à marcher dans la voie que nous suivons pour le bien des peuples et l'ennoblissement de nos consciences. (*Bravos.*)

Dans les progrès accomplis et dans ceux que l'on nous refuse jusqu'ici, je vois un encouragement à persévérer dans notre ligne de conduite, à ne pas enterrer l'Union interparlementaire de la presse, et à inviter le Conseil à reprendre cette idée quand il jugera le moment opportun et propice. (*Applaudissements prolongés.*)

M. EMANUEL PORUMBARU (ROUMANIE). — Comme nous touchons à la fin de nos travaux, il me reste très peu de temps pour développer ma proposition. Je tâcherai donc de le faire aussi brièvement que possible.

Nous sommes tous d'accord pour reconnaître que la grande œuvre de paix accomplie à La Haye est encore à ses commencements. D'un autre côté, le vœu général est que cette œuvre soit continuée et parvienne à être établie sur des bases solides et durables. Les différentes propositions auxquelles cette préoccupation a donné lieu peuvent se résumer dans cette double formule : élargir le cercle de la compétence de la Cour d'arbitrage et rendre obligatoire son intervention dans le règlement des conflits internationaux.

Je n'ai rien à dire contre le désir légitime de ceux qui cherchent à améliorer l'œuvre de La Haye; mais je me permets de ne pas partager l'impatience qu'ils mettent dans la poursuite de leur idéal. En ce qui concerne spécialement la haute institution internationale créée à La Haye, j'ai le sentiment que, pendant une certaine période de temps, il n'y a rien de mieux à faire qu'à la laisser simplement fonctionner telle qu'elle est sortie des longues délibérations et du travail laborieux des puissances. L'existence d'une Cour permanente, instituée avec l'assentiment de tous les Etats civilisés, est une conquête précieuse pour la cause de la paix; il serait donc imprudent de la troubler dans l'exercice de sa tâche, le lendemain même de sa création, par des modifications dont le temps et l'expérience n'ont pas encore pu démontrer l'utilité.

Mais, si tout changement dans les conditions actuelles d'existence de la Cour internationale doit être écarté pour le moment, il ne nous reste pas moins un grand travail à faire pour aider cette institution à remplir la noble mission qui lui incombe. Ce travail consiste à établir un Code de droit international destiné à servir de base aux jugements de la Cour et à mettre les décisions futures de ce grand aréopage sous l'égide de la conscience universelle des peuples.

Cette idée a été proposée pour la première fois en 1899, à la Conférence de Christiania, où elle a obtenu l'assentiment unanime de l'assemblée. Je la vois avec plaisir reprise aujourd'hui par notre collègue M. Lewakowski, et je m'associe de tout cœur à sa proposition. Je voudrais seulement que nous fassions un pas plus en avant. A côté du droit international public, dont la codification s'impose, malgré les nombreuses difficultés à surmonter, il y a une œuvre parallèle à réaliser, tout aussi digne de notre attention.

Vous n'êtes pas sans savoir qu'un grand nombre de conflits internationaux sont dus à la diversité des législations en vigueur dans les différents pays. Par suite de cette diversité, les Etats qui veulent adopter certaines règles communes dans leurs relations réciproques sont obligés de conclure entre eux des arrangements spéciaux. Pour obvier à cet état de choses, qui est une source intarissable de conflits et une cause permanente de négociations diplomatiques souvent interminables, le moyen le plus simple et le plus pratique serait d'établir, par l'accord des Etats, des dispositions législatives uniformes sur les matières les plus usuelles de la vie civile, telles que: le mariage, le divorce, les successions, la tutelle, l'extradition et l'expulsion des étrangers, les faillites, etc.

C'est dans ce but que le Gouvernement des Pays-Bas a pris, il y a quelques années, l'initiative de convoquer à La Haye une conférence internationale de droit privé. Cette conférence est déjà parvenue à faire signer une convention internationale portant sur quelques unes des matières, inscrites à son programme, mais son travail avance un peu trop lentement. Par la proposition que j'ai l'honneur de vous soumettre et que je vous prie de vouloir bien adopter, je voudrais que notre Conférence exprime le vœu de voir les groupes parlementaires user de toute leur influence auprès des gouvernements de leurs pays afin d'accélérer autant que possible le travail commencé par l'utile institution dont je vous parle. De cette manière, il nous sera permis d'espérer que nous arriverons bientôt, à une codification complète des différentes branches du droit international. L'Union interparlementaire aura ainsi rendu un signalé service à la grande cause de la paix et aura obtenu un nouveau titre à la reconnaissance de l'humanité. (*Applaudissements.*)

M. le Président. — M. Porumbaru propose la résolution suivante:

> L'Union Interparlementaire, estimant que l'œuvre d'unification entreprise par la Conférence de droit international privé de La Haye, dans le but de faire cesser les conflits de droit existant actuellement au sujet des questions les plus fréquentes de la vie civile, à cause de la diversité des législations nationales, constitue une impulsion et un acheminement dans la direction d'une codification plus large et plus générale, embrassant dans son intégrité le domaine du droit international, public et privé;
>
> Considérant que les rapports entre les individus appartenant à des nationalités différentes, aussi bien que ceux des Etats entre eux, doivent être régis par les mêmes principes de justice et de solidarité;
>
> Etant convaincue, d'autre part, que l'existence de la haute institution d'arbitrage créée à La Haye sera assurée d'une manière beaucoup plus efficace le jour où les nations civilisées seront tombées d'accord sur la plupart des règles et principes de droit applicables à la justice internationale,
>
> Invite ses groupes à user de toute leur influence auprès des Gouvernements de leurs pays respectifs dans le but d'activer l'œuvre de la Conférence de droit international privé, due à l'initiative louable du Gouvernement des Pays-Bas.

M. le Dr. João de Paiva (Portugal). — Messieurs, je viens d'écouter attentivement notre honorable collègue, le Docteur Gobat, qui a donné à notre Union tant de preuves de dévouement et auquel chacun de nous a tant d'obligations. Je le remercie du bien qu'il a dit de mon pays; mais, dans son rapport, il a commis quelques omissions, certainement involontaires, au sujet de l'union de la presse et du mouvement pacifique en Portugal. C'est ce qui m'oblige à prendre la parole pour rétablir toute la vérité.

Je suis heureux de pouvoir vous affirmer que, chez nous, on n'a point oublié les vœux formés par la Xe Conférence.

Par exemple, M. Descamps a exposé son excellent travail sur le Pacigérat, et la Conférence a admis les conclusions de ce travail.

Mon pays n'a pas refusé de justes louanges aux idées émises par l'illustre professeur de droit philosophique de l'Université de Louvain, qui a été proposé comme membre de notre Académie Royale des Sciences.

Le Comte Apponyi a terminé son remarquable discours sur l'Union de la presse pacifique, »*complément nécessaire de la pensée même qui avait donné naissance à l'Union Interparlementaire*«, – en recommandant au zèle des groupes la réalisation du projet qu'il venait de présenter. Et m'étant adressé au très digne doyen de la presse de mon pays, j'obtins peu après communication officielle de l'organisation du groupe de la presse pacifique en Portugal. Je constatai qu'il était composé des noms les plus illustres que peut offrir chez nous le journalisme; fait dont j'ai donné immédiatement connaissance au Bureau de Berne et aux membres du Conseil de l'Union, réunis alors à Bruxelles pour leur séance annuelle. Le Président du groupe de la presse portugaise, M. de Brito Aranha, nom que tout le pays vénère, que toute la presse admire, M. de Brito Aranha qui est un croyant, un véritable apôtre, m'a écrit, à mon départ pour Vienne, pour me dire que je pouvais vous affirmer que presque toute la presse de mon pays, se rangeait de tout son cœur du côté de notre idéal. En outre, le Dr. Magalhães Lima, un des plus fervents apôtres de la paix, et le digne directeur du journal »*A Vanguarda*« m'a chargé également de vous informer que son journal avait résolu de ne pas publier les procès-verbaux des duels. Il souhaitait que l'Union Interparlementaire tentât d'obtenir que toute la presse suivît cet exemple. Par là, on témoignerait que, de même que nous faisons la guerre à la guerre entre nations, ainsi nous devons la faire également à la guerre entre deux citoyens.

Le baron d'Estournelles de Constant a recommandé, à l'égal de la diffusion des idées par la voie de la presse, la propagande individuelle – *car c'est par elle que se sont propagés le Christianisme, la Réforme, la Révolution; en un mot tous les grands mouvements qui ont transformé l'humanité* –. Dans mon pays, la Ligue portugaise de la Paix s'est chargée, d'une manière brillante, de la réalisation de ce souhait, par l'effort de ses partisans, dans les grands centres; par l'effort de ses correspondants et auxiliaires, aussi bien dans les villes que dans les plus petits hameaux; et cela non seulement sur le continent, mais encore au-delà des mers. Enfin elle a tenu des séances solennelles devant un grand concours d'assistants aux jours les plus signalés pour la paix. Et là où ne pouvait arriver la parole, arrivaient les bulletins, les messages, les représentations adressées aux personnalités qui jouent, ou peuvent jouer, un rôle important dans tout ce qui concerne l'arbitrage.

M. Beauquier a dit qu'il fallait nous faire les éducateurs de l'opinion publique et gagner les masses à nos idées. C'est ce qu'on a fait dans notre pays. Des avocats, des professeurs, des publicistes et des députés ont organisé différentes conférences publiques, destinées à soutenir la cause de la paix. Ces réunions ont eu lieu dans les centres les plus populeux, par devant une assistance considérable. Et maintenant me reviennent en mémoire la conférence tenue à l'Association Commerciale de Lisbonne, par le comte de Penha Garcia, le député bien connu, sur le sujet des conclusions de la Conférence intergouvernementale; et celle qui fut organisée à l'Athénée Commercial de Lisbonne, par le docteur Manuel d'Arriaga, avocat éminent et ancien député. Cette dernière avait trait à la paix et à l'arbitrage. Je me rappelle aussi celle que fit, à Lisbonne, le docteur Théophilo Braga, professeur et écrivain très distingué qui envisageait la paix comme idéal et comme but de l'art moderne. Je citerai encore les conférences tenues sur la paix et la guerre par le Docteur Magalhães Lima, excellent journaliste et écrivain — celle du Dr. Armelim junior, avocat renommé de la capitale, sur la nécessité et le devoir de faire une guerre sans trêve à la guerre — celle de publicistes réputés comme M. César da Insu sur le duel et la guerre — et M. César Porto qui traitait de l'extinction évolutive de la guerre.

M. Beernaert a parlé en termes élevés de la Conférence intergouvernementale de La Haye. Un des membres du groupe portugais, le comte de Penha Garcia, a publié sur ce sujet un livre très intéressant, qui a été distribué gratis par tout le pays. Dans cet écrit, l'auteur fait voir la grande portée des conclusions acceptées par tous les représentants des différents pays; il montre aussi quel doit être le complément de ces conclusions. M. de la Batut a proposé que l'Union Interparlementaire invitât les différents groupes à user de toute leur influence pour obtenir de leurs gouvernements, et le plus tôt possible, des traités d'arbitrage et, pour l'avenir, l'introduction, dans les traités internationaux, de la clause d'arbitrage. Et non seulement le gouvernement portugais a assujetti à la décision arbitrale quelques-uns de ses différends internationaux, mais il a ajouté la clause d'arbitrage dans un certain nombre de ses conventions. Et un des membres du groupe a rédigé un projet de loi, précédé d'un mémoire minutieux sur la convenance qu'il y aurait pour les gouvernements de tous les pays civilisés qui ont des colonies, de faire un traité général d'arbitrage pour tous les différends qui pourraient surgir au sujet de leurs possessions lointaines.

Outre cela, M. Oliveira Mattos, député, demande la parole dans le Parlement, et, dans un discours plein d'entrain, fait voir ce qu'a été la Conférence de Paris; il marque sa profonde reconnaissance envers la France, spécialement envers MM. Loubet, Labiche et Fallières.

Le Dr. Joaquim Augusto Ferreira da Fonseca, membre du groupe portugais, a publié et fait répandre gratis dans le pays, un livre très intéressant sur la Xe Conférence. Ce livre, qui rapporte tout ce qui a trait à notre dernière réunion à Paris, a été offert au Parlement par l'auteur.

M. Pedro Ramos de Paiva, dans le journal *A Vanguarda*, donne connaissance au public de tous les détails de la Conférence de Paris, en publiant toutes les motions et un extrait de tous les discours qu'on y a entendus. Ce travail ne comporte pas moins de neuf numéros consécutifs du journal, l'un des plus lus de notre pays.

Enfin, à la Xe Conférence, Monsieur le Baron de Pirquet, au nom du groupe de ce noble pays, nous a fait l'invitation de venir dans cette belle et charmante capitale; et, avec l'aide efficace de son aimable famille, il a tout préparé d'une manière qui ne laisse rien à désirer. Et s'efforçant d'égaler l'activité d'un jeune homme et témoignant la sollicitude, l'ardeur d'un croyant, il nous reçoit avec la bienveillance, avec la bonne humeur qui révèlent une âme distinguée où siègent la douceur, la bonté, la vertu. (*Applaudissements.*)

Et mon pays reconnaissant tout cela accepte l'invitation, nomme le groupe parlementaire et malgré la grande distance, il se fait représenter ici et il salue avec enthousiasme le noble initiateur de cette remarquable Conférence — Monsieur le Baron de Pirquet. (*Très bien.*)

Certes, le Portugal a bien manifesté sa sympathie pour l'idéal humanitaire que nous poursuivons et la faveur qu'il portait à la Xe Conférence. Il est animé des mêmes sentiments envers la XIe Conférence qui se tient au cœur de ce noble empire auquel j'adresse mes saluts le plus respectueux.

Le dévouement de mon pays à la cause de la paix n'a pas lieu de nous surprendre, attendu que chez nous l'idéal pacifique s'identifie avec l'âme nationale. Quelques faits le démontreront:

Les Communes n'ont été convoquées pour la première fois en Angleterre qu'en 1265, sous Henri III; la France réunit ses trois Etats généraux seulement en 1303, sous Philippe Auguste. Quant à l'Allemagne, ce n'est qu'en 1309, sous Henri VII, qu'elle appelle le troisième état à prendre part à la Diète de Spire.

Eh bien, longtemps avant cela, en 1211, il y avait déjà les *Cortes* portugaises, où l'on entendait les Trois Etats. Dans une des séances de ces assemblées, les peuples commencèrent leurs travaux en disant au Roi: Nous voulons la paix: désormais vous ne ferez la guerre qu'après avoir pris conseil de nos concitoyens. Et le Roi a répondu qu'il consentait à cet arrangement.

Les lois qui dès lors traduisaient la volonté du peuple, font aussi voir que, même parmi les citoyens, on cherchait l'entente. Nous avions les juges de paix, élus par le peuple, et dont la fonction était de réconcilier les parties en désaccord. De très bonne heure apparurent les arbitres, *avindores*, qu'on trouvait dans toutes les villes, bourgs et hameaux, où ils exerçaient, *ex officio*, leur pacifique ministère. Et même quand une des parties avait demandé leur intervention, ils étaient tenus de cacher cette circonstance, pour faire voir que c'était seulement *ex officio* qu'ils s'efforçaient de mettre l'harmonie entre les contestants. Peu après parurent les Confréries de la Miséricorde; à leurs statuts fut ajouté le chapitre 38 qui réglait la manière dont les affidés s'emploieraient pour amener la réconciliation des citoyens désunis. Les décisions arbitrales sont si anciennes en Portugal, qu'elles y existaient avant l'admission du droit romain: et, après l'admission de ce droit, elles ont constitué une partie considérable des *Ordenaçoês do Reino*, le Code le plus ancien qu'ait connu l'Europe renaissante.

Et depuis lors, jusqu'à présent, notre pays n'a pas cessé de faire des progrès au point de vue de la paix et de l'arbitrage. La loi fondamentale de l'Etat dit, à l'article 128: »On ne pourra commencer de procès qu'on n'ait tenté d'abord la voie de la conciliation.« Les Codes admettent les arbitres, et facultativement et obligatoirement. De plus, nous avons des lois spéciales d'après lesquelles sont terminés, par un tribunal arbitral, les litiges surgissant entre les industriels, entre les membres des sociétés de secours mutuels, etc.

Si l'on observe les sentiments religieux du peuple, on verra qu'il célèbre des fêtes solennelles en l'honneur de Notre Dame de la Paix, et cela même au-dedans des murailles qui entourent la ville historique de Lamego, considérée par quelques historiens comme le berceau de la monarchie.

Et si l'on cherche à approfondir le sentiment artistique de ce même peuple, on constate que, pour embellir le nouveau Parlement de Lisbonne, il a choisi un tableau se rapportant à la paix, soit: La Loi soutenant la Paix. A Porto, la deuxième ville du royaume, sur les vitraux du plus riche édifice de la cité, la Bourse, nous lisons ces mots: Labor, Pax.

Tournons-nous maintenant du côté des hommes d'Etat: nous trouvons le nom de l'illustre général, le comte de S. Januario, ancien ministre qui, était ambassadeur au royaume de Siam, à l'époque où une affreuse guerre menaçait d'éclater. M. de Januario fut choisi par sa Majesté, le roi de Siam, pour arbitre ou conseiller. Et sa décision était pénétrée d'une telle prudence, d'une telle sagesse, d'un tel esprit de pacification, que bientôt les deux belligérants se mirent d'accord et que les hostilités cessèrent entièrement.

Laissant de côté les hommes d'Etat pour regarder les souverains, nous trouvons, par exemple, D. Pedro II, surnommé le Pacifique, à cause de sa prudence, de sa modération et du soin qu'il prit de terminer la guerre qui sévissait lors de son avènement. Il le fit dans un temps où la puissance du Portugal était si considérée en Europe (c'est un écrivain étranger qui l'affirme, M. Ferdinand Diniz) que si le roi avait résolument jeté son épée dans la balance, c'en était assez pour déranger, en Europe, tous les calculs et toutes les combinaisons politiques. Nous trouvons également la Reine D. Izabel, que l'histoire surnomme: l'Ange de la paix, — parce que, outre les vertus domestiques, elle possédait encore l'ardent amour de la paix. Sa présence dissipait l'orage et faisait apparaître l'Iris pacifique; devant son éloquence, les armes tombaient des mains des combattants les plus acharnés. Nous en avons le témoignage retentissant dans les guerres entre D. Affonso et D. Diniz, entre D. Fernando de Castille et D. Jorge d'Aragaõ, entre D. Affonso IV du Portugal et D. Affonso XI d'Espagne, guerres que cet Ange de la paix, par sa salutaire intervention, a évitées ou fait cesser.

Envisageant le mouvement actuel, représenté par les congrès scientifiques, nous voyons le congrès juridique tenu à Lisbonne sous la protection de M. Francisco Antonio Veiga Beiraõ, conseiller et ministre de la justice. Le congrès s'est occupé avec un vif intérêt de l'organisation d'un tribunal international; il s'est appliqué à déterminer l'influence qu'un pareil tribunal pourrait exercer en faveur de la diminution des guerres.

Tournant nos regards vers les établissements scientifiques du pays, nous voyons l'École navale, conformément à la délibération du Conseil scolaire, et sur la proposition de l'éminent professeur de Droit international, M. Almeida d'Eça, faire publier un livre sur les conclusions de la Conférence de La Haye. On voulait que tous les élèves pussent posséder et mieux comprendre les principes de droit international qu'on a fixés à cette Conférence. Nous voyons l'Université de Coïmbre, où il y a aussi une chaire de Droit international, enseigner depuis bien des années les principes les plus sains qui doivent régir les relations internationales, les doctrines les plus pures touchant la paix par l'arbitrage. Elle condamne ouvertement la guerre comme moyen de vider les différends entre nations. En ma qualité de président de groupe, je me suis adressé au Doyen de la Faculté de Droit; j'ai pénétré dans divers établissements scientifiques; j'ai même été jusqu'aux Prélats, directeurs suprêmes des séminaires, afin d'obtenir d'eux qu'ils fissent enseigner les résolutions de l'Union Interparlementaire, et démontrer le but idéal que se propose cette société. Les réponses que j'en ai reçues, ont été les plus agréables et les plus satisfaisantes.

Veut-on connaître la pensée des associations du pays, qu'on se tourne vers la plus célèbre, la plus imposante du Portugal; la Société de Géographie de Lisbonne. On verra cette illustre Société défendre notre cause au moyen d'une commission de paix et d'arbitrage qui a ses séances, ses statuts tout spéciaux. L'année dernière, elle a présenté un intéressant mémoire sur la paix par l'arbitrage. Nous citerons encore la très remarquable association des avocats de Lisbonne laquelle, dans une séance solennelle et par la voix éloquente d'un de ses membres, le Dr. Jose de Castro, a soutenu les doctrines qui constituent notre idéal.

Passant au Parlement, nous y entendrons le verbe autorisé du Ministre des Affaires Etrangères, le conseiller Veiga Beiraõ, un des hommes d'Etat les plus considérés. Nous y entendrons la voix inspirée du conseiller Joaõ Arroyo, le premier orateur portugais du temps présent, qui a succédé à M. Veiga Beiraõ aux Affaires étrangères. Tous deux ont su dire, sur la portée de la Conférence de La Haye, tout ce que leur esprit supérieur discernait dans cette page brillante de l'histoire de l'arbitrage et de la paix. Et certes cette Conférence est le plus précieux fleuron qui enrichit la couronne de Sa Majesté l'Empereur de Russie.

Si nous prêtons attention aux actes du gouvernement, nous constaterons qu'il a eu part à toutes les conventions internationales qui tendent à créer l'état juridique parmi les nations, à rendre plus intimes les liens existant entre les peuples, à diminuer les maux de la guerre. Il figure parmi les premiers gouvernements qui ont ratifié les conclusions de la Conférence et nommé les membres du Tribunal international de La Haye. Il a choisi les noms les plus illustres, les plus dignes de considération, à tous égards, comme par exemple celui du Conseiller Antonio Emilio de Sa Brandaõ, ancien ministre de la justice, pair du Royaume, Membre du Conseil d'État, Président du Tribunal Suprême de la Justice, etc.

Les écrivains et publicistes portugais de l'heure présente, méritent aussi de fixer notre attention. Citons les noms de MM. Abel d'Andrade, Alice Pestana, Archer de Lima, Armelim yunior, Arthur Montenegro, Augusta Roxa, Cesar Insu, Cesar Porto, le comte de Penha Garcia, le comte de Valenças, Francisco de Noronha, D. Jose Pessanha, Ferreira da Fonseca, Guilherme Sancta Rita, Jose de Castro,

José de Sousa Vianna, Luiz Leitaõ, Pedro Roxa, Magalhaẽs Lima, Maria Izabel Ramos, Moreira d'Almeida, Sophia da Silva, Théophilo Braga, et de tant d'autres qui, dans leurs publications, manifestent les croyances dont s'illuminent leurs esprits supérieurs.

Passons aux duellistes. Qu'avons-nous vu cette année même, il y a de cela deux mois? Deux parlementaires éminents, Jose Alpoim, ancien ministre de la justice, et Dantas Baracho, sénateur et militaire, tous deux habitués aux armes, s'étaient provoqués en duel. La rencontre ne pouvait être que terrible, étant donné le tempérament emporté des deux adversaires. Cependant les témoins tombèrent d'accord sur le point de soumettre le différend à l'arbitrage. Malgré la violence de leur caractère, les duellistes respectèrent la décision arbitrale qui établissait la justice, et épargnait à mon pays la vue d'actes homicides que le duel peut entraîner, et que réprouvent les principes du droit.

Quelques représentants actuels de la poésie en Portugal, MM. Jose Maria Ançã et Xavier da Cunha, noms fameux, esprits supérieurs, faits de lumière et de bonté, épris de l'idéal que nous poursuivons, ont applaudi chaleureusement à l'idée de l'arbitrage et de la paix. Transportés d'un juste enthousiasme, ils ont salué les membres de l'Union interparlementaire dans le langage de Vasco de Gama et de Camoes, de qui les noms glorieux brillent encore et brilleront à jamais du plus vif éclat, dans les annales de la civilisation et du progrès de l'humanité.

L'âme nationale de mon pays est certainement identifiée avec notre idéal. (*Applaudissements.*)

Si nous scrutons l'âme nationale des autres pays, comme nous l'avons fait pour le mien, nous y trouverons des données suffisantes pour conclure que la conscience sociale veut la paix.

Il est possible que çà et là les apparences nous trompent, que tel ou tel pays commette des actes en contradiction avec cette conscience sociale. Mais, qu'ils le veuillent ou non, les peuples, presque à leur insu, travaillent à enraciner toujours plus profondément, l'idéal de la paix dans l'esprit du monde civilisé. C'est ainsi que, (suivant les paroles de Dumas) César, païen, prépare le christianisme; Charlemagne, barbare, prépare la civilisation; Napoléon, despote, prépare la liberté. (*Applaudissements.*)

On ne peut consentir à voir les nations éternellement victimes de leurs préjugés anciens. Il est temps qu'on sache que les grandes armées, les grandes flottes, les grands armements, les grands généraux ne suffisent point à assurer les victoires, à garantir les droits, à conserver le bonheur des peuples. L'expérience fait voir, au contraire que tout cela est précaire, sujet à défaillance et que les succès, les triomphes obtenus par ces moyens, au bout du compte, nuisent à ceux-mêmes qui restent victorieux.

Je pense que telle est la conviction de tous les membres de la Conférence et que, dans vos cœurs, sont encore gravées les paroles du Président de la Xe Conférence, M. de Fallières: *»Il n'y a pas de résistance qui ne disparaisse à la longue devant la toute-puissance d'une idée, quand une idée puise sa force à la source sainte de la fraternité«.* (*Applaudissements.*)

Et s'il en est ainsi, pourquoi ne voudrions-nous pas hâter l'avènement de la justice internationale? Vouloir, c'est presque toujours pouvoir. Ce qui est excessivement rare, c'est la volonté; l'illusion, l'erreur vulgaire consiste en cela qu'on confond le désir avec la volonté. Le désir mesure les obstacles, mais la volonté les surmonte — a dit le grand penseur Alexandre Herculano.

Ayons donc la volonté, mais une volonté décidée, ferme, résolue, et certainement le succès ne se fera pas attendre. Travaillons sans illusions, mais aussi sans défaillances, selon les paroles de notre maître, M. Passy. Il faut marcher, ignorant jusqu'où l'on ira, mais sachant où est le but et ne se lassant point de le poursuivre.

Voilà notre devoir à nous, en tant que membres de l'humaine communauté; voilà notre devoir, en tant que membres de l'Union interparlementaire pour la paix. (*Applaudissements.*)

Pour en finir, je suis heureux de pouvoir vous communiquer que des personnages de marque, des collectivités d'une grande valeur, d'une grande autorité, m'ont chargé de signifier à la Conférence leur adhésion à notre cause.

Cette adhésion est confirmée par des documents que j'ai mis dans les mains de notre Secrétaire général; et lorsque celui-ci en a donné connaissance à notre très honoré Président et aux membres du Conseil, ils ont accueilli par de chaleureux applaudissements la bonne nouvelle: . . . »que sont aussi de notre côté l'Académie de Coïmbre, l'Académie de Lisbonne, l'Académie du Porto, l'Association commerciale de Lisbonne, l'Association commerciale du Porto, l'Association industrielle et le Centre commercial de la même ville, l'Institut de Coïmbre, la Municipalité de Coïmbre et celle du Porto, la Société de Géographie de Lisbonne, le Docteur Bernardino Machado, le Docteur Guimarães Pedrosa, le Docteur Affonso Costa et M. Pedro Ramos de Paiva.«

Mon pays aime certainement la paix internationale, puisqu'il aime le droit, la justice, et travaille au bonheur des peuples. (*Vifs applaudissements.*)

M. BOBTCHEFF (BULGARIE.) — Messieurs et chers collègues, je manquerais à un devoir, si ma première parole ici au sein de cette Conférence n'était pas une parole de gratitude envers le Bureau interparlementaire, envers le groupe autrichien et son honorable Président qui ont bien voulu inviter à cette Conférence le groupe bulgare de l'Union interparlementaire, le plus jeune parmi ceux qui font partie de cette belle institution internationale.

En ma qualité de président du groupe bulgare, j'éprouve quelque gêne à présenter à la Conférence un rapport sur son activité. La petite Bulgarie, appelée depuis peu à la vie politique, a été placée dans des conditions d'existence telles que son action pacifique, ainsi que celle de ses habitants, en était pour ainsi dire paralysée. Les facteurs politiques et sociaux ont cependant fait de grands efforts pour le développement économique et moral de la Principauté et, sous ce rapport, le pays a réalisé des progrès sensibles, malgré les conditions désavantageuses dans lesquelles il se trouvait.

L'amour de la paix du prince et des hommes d'Etat bulgares a toujours été mis à de rudes épreuves. On peut dire que la paix fuyait des terres bulgares, par la raison que le traité de Berlin n'a pas été appliqué dans celles de ses dispositions qui répondent aux exigences de la situation et aux vœux des populations chrétiennes des provinces de la Turquie d'Europe. C'est là qu'il faut chercher l'origine de tous les malentendus qui empêchent le Bulgare, ami de la paix, d'être un facteur actif et utile d'une des plus nobles causes, celle qui tend à l'amélioration des relations internationales par la justice et l'esprit de fraternité entre les races.

Et aujourd'hui même, pendant que nous sommes réunis à l'effet de rechercher les moyens de contribuer à la paix universelle, le fer et le feu font rage, portant la mort et amoncelant des ruines, dans le voisinage immédiat de la Principauté de Bulgarie, en un pays bulgare mécontent et désespéré de la situation qui lui a été faite par suite de la circonstance que l'article 23 du Traité de Berlin n'est pas appliqué.

Messieurs et chers Collègues, le groupe bulgare vient de se former et de s'organiser; il compte déjà 82 membres, presque la moitié des membres de la Chambre Bulgare.

Parmi ses membres se trouvent des ministres, des anciens ministres, des journalistes, des avocats, des négociants et des paysans. Le premier pas est fait. Le groupe vient donc affirmer ici son existence, déclarer son organisation et manifester les sentiments qui l'animent, au sein de la Conférence. Il s'efforcera de travailler à l'unisson des autres groupes de l'Union interparlementaire; mais il considère de son devoir de prier instamment la Conférence de vouloir bien émettre le voeu »qu'il soit accordé un meilleur sort aux populations des provinces de la Turquie d'Europe par la mise en application, aussi prompte que possible, des stipulations de l'article 23 du Traité de Berlin«, un tel vœu étant d'ailleurs en concordance avec les nobles buts que poursuit la Conférence de l'Union interparlementaire.

Pour finir je ne puis mieux faire que de répéter au nom du groupe bulgare, qu'il continuera à agir de son mieux dans l'esprit de cette Conférence.

Salut respectueux à ses membres qui ne perdent pas de vue le grand idéal de l'humanité, de la justice et de la paix. Salut! (*Applaudissements.*)

M. LE PRÉSIDENT. – Comme il n'y a plus d'orateurs inscrits, je déclare close la discussion sur le point 5 de l'orde du jour. Je dois seulement mettre aux voix la résolution proposée par M. Porumbaru dont vous connaissez le texte.

La résolution de M. Porumbaru est mise aux voix et adoptée.

M. le Président. — Nous passerons au numéro 6 de l'ordre du jour: *Nomination des membres du Conseil interparlementaire* et je donne la parole à M. Gobat sur ce sujet.

M. Gobat. — Les différents groupes ont fait les propositions suivantes pour la composition du Conseil interparlementaire pour 1903—1904:

Allemagne: Dr. v. Bar, Dr. Max Hirsch, députés;

Autriche: Baron de Pirquet, ancien député, S. E. v. Plener, ancien ministre;

Belgique: MM. Beernaert, ministre d'État, Houzeau de Lehaie, sénateur;

Bulgarie: MM. Bobtcheff, député, Dr. Ghennadief, ministre de la justice et député;

Danemark: MM. v. Krabbe, député, Frédéric Bajer, ancien député;

Espagne: M. de Marcoartu, ancien sénateur;

Etats-Unis d'Amérique: M. Bartholdt, député;

France: MM. Emile Labiche, sénateur, La Batut, Vicomte, député;

Grande-Bretagne: MM. Philipp Stanhope, ancien député, Randal Cremer, député;

Hongrie: Comte Albert Apponyi, président de la chambre des députés, M. Pazmandy, ancien député;

Italie: MM. Pierantoni, sénateur, Ferraris, député;

Norvège: MM. John Lund, ancien président du Lagting, Horst, président du Lagting;

Pays-Bas: MM. Rahusen, sénateur, Tydeman, député;

Portugal: MM. Dr. de Paiva, Luis B. Falcan, députés;

Roumanie: MM. Porumbaru, député, T. J. Djuvara, sénateur;

Serbie: MM. Nicolas Pasitch, Georges Simitch, conseillers d'État;

Suède: MM. Ernest Beckman, Edouard Wavrinsky, députés;

Suisse: MM. Gobat, Scherrer-Fullemann, conseillers nationaux;

Adopté par acclamation.

M. le Président. — Nous passons au numéro 7 de l'ordre du jour: *Époque et siège de la prochaine Conférence.* La parole est à M. Bartholdt.

HON. RICHARD BARTHOLDT (ÉTATS-UNIS). — Mr. President and Gentlemen, among all the resolutions which have been moved in this great assembly, that which I am charged with, is perhaps the most agreeable to propose. In the name of the American people I have the honour to invite you to hold your next session in the city of St. Louis in 1904. (*Bravo.*)

The Government of the United States has been one of the pioneers of the movement for international arbitration and the report of their labours for the good cause would form a large volume. They were the first government who recognized the arbitration court of the Hague by proposing to Mexico to refer unto it the difference raised between the two nations in respect of the pious funds of California. This ligitation has been decided upon by the court of arbitration and the contending parties have recognized the equity of the sentence.

Quite recently Venezuela proposed to President Roosevelt to arbitrate in a dispute between that country and some other states, but the President replied that the Tribunal at the Hague was the proper organ to refer to the case in dispute. The Powers followed his advice. M. Beernaert told us in his report all that which the United States have done for arbitration by their treaties with the Republics of Central and of South America.

I believe therefore, gentlemen, that for recognizing what the Republic of the United States has done for the maintenance of peace, you could not do better than to resolve to hold your next conference on american soil.

And I go further and say that the great cause for which we are all striving, would gain an enormous impulse, if you accepted to come to America to conquer the sympathies of its people for this great humanitarian aim, and the congress of Nations could bring on the disarmament, if its delegates presented the proposition to President Roosevelt.

All the nations to which you belong are represented in the United States. All the delegates would meet countrymen on the other side of the Atlantic, some by hundreds, others by thousands and others by millions.

Well, all these races associate themselves with me to offer you the most cordial hospitality and ask you to assemble next year in the City of St. Louis where the national and the international Peace will celebrate a great triumph. (*Applaudissements.*)

M. DE KRABBE (DANEMARK). — Le groupe danois avait chargé les membres danois présents ici, d'inviter la Conférence à siéger à Copenhague l'année prochaine. Néanmoins nous-mêmes, d'accord avec le Conseil interparlementaire, reconnaissons l'intérêt d'actualité qu'il y a à siéger aux Etats-Unis en 1904. Et nous, Danois, nous joignons à la proposition qui va vous être faite par M. Gobat, de siéger l'an prochain en Amérique. Les Danois seraient alors heureux de pouvoir vous recevoir à Copenhague l'année suivante. (*Applaudissements.*)

M. GOBAT. — Dans le sein du Conseil, les Danois, reconnaissant que l'invitation de siéger l'année prochaine en Amérique ne peut être renvoyée à une autre année, se sont désistés et se contentent de recevoir l'assurance que la plus prochaine Conférence se tiendra à Copenhague. Nous devons attendre, d'autre part, conformément à nos traditions, la réception d'une invitation officielle du gouvernement ou du parlement des Etats-Unis. Or M. Bartholdt n'a pas pu se concerter à cet effet avec son groupe, et ce n'est qu'en son propre nom qu'il nous a fait l'invitation que vous venez d'entendre. Pour le cas où l'invitation officielle nous parviendrait, je vous propose la résolution suivante:

> »La Conférence autorise le Conseil interparlementaire à accepter l'invitation officielle que le répresentant du groupe américain à bien voulu annoncer,
>
> Remercie le groupe danois de son offre amicale et exprime dès maintenant l'opinion que la XIIIe Conférence aura lieu à Copenhague.«

La proposition faite par M. Gobat est adoptée à l'unanimité.

M. LE PRÉSIDENT. — L'ordre du jour est épuisé. M. Rahusen ayant demandé la parole, je la lui accorde.

M. Rahusen (Pays-Bas). — Je crois être votre interprète à tous en remerciant le Président (*Bravos*) qui a dirigé nos débats avec autant de tact que de talent et de compétence. Mais je veux aussi exprimer notre reconnaissance au Gouvernement Impérial. C'est pour notre Conférence une grande chose que de pouvoir dire que nos idées ont pour partisan l'Autriche-Hongrie, qui nous a si grandement reçus. (*Applaudissements prolongés.*) Je dois remercier aussi le Bourgmestre, les Echevins, les autorités communales qui nous ont temoigné tant de sympathies. (*Bravo.*)

Je me résume par ce cri: »Vive Vienne!« (*Acclamations.*)

M. Houzeau de Lehaie (Belgique). — Nous ne pouvons nous séparer sans exprimer notre gratitude aux organisateurs de la XIe Conférence, et en particulier à l'un des membres les plus dévoués à l'œuvre de l'arbitrage, M. le Baron Pirquet. Nous leur sommes reconnaissants de l'accueil que nous avons reçu et des attentions qu'ils ont eues pour nous faciliter la visite de cette grandiose ville de Vienne, l'une des plus belles capitales de l'Europe. (*Applaudissements.*)

Vous me demanderez pourquoi c'est moi qui suis ici l'organe de mes collègues. Si je me suis permis de prendre la parole, c'est tout spécialement à raison des liens d'amitié que nous avons noués, mon vénérable collègue et moi, à la suite des différentes conférences auxquelles nous avons pris part. Cette amitié est encore consolidée par ce fait que si notre cher Baron Pirquet appartient aujourd'hui à la grande famille autrichienne, nous sommes tous deux issus de la famille wallonne et je suis heureux de laisser parler mon cœur de Wallon.

Je saisis avec empressement cette occasion d'adresser à ce collègue si dévoué à la grande œuvre que nous poursuivons, de chaleureux remerciements pour l'importante proposition dont il est l'auteur et que l'Assemblée, à juste titre, a votée par acclamations. (*Applaudissements.*)

Nous devons également de vifs remerciements à la Presse, ce grand pouvoir du monde qui, par son action sur l'opinion publique, est peut-être le pouvoir le plus puissant. Nous avons pu constater que la Presse autrichienne, et celle de Vienne principalement, est favorable à notre œuvre et partage les vues de l'Union Interparlementaire. Et si l'Union de la Presse pour l'Arbitrage n'est pas encore conclue, nous pouvons nous réjouir de voir le pas immense fait dans cette voie par les défenseurs que la cause qui nous est chère a rencontrés parmi un grand nombre d'organes de la Presse. Permettez-moi de leur adresser nos plus sincères remerciements. (*Longs applaudissements.*)

M. LE PRÉSIDENT. — Je suis profondément touché des paroles flatteuses que M. Rahusen a bien voulu m'adresser et je remercie sincèrement l'assemblée de l'accueil sympathique qu'elle leur a fait. Je suis fier d'avoir présidé une assemblée composée d'hommes politiques distingués de tous les pays; même pour quelqu'un qui a passé une grande partie de sa vie dans la carrière parlementaire, c'est une tâche particulièrement délicate que d'avoir à présider une discussion entre hommes de nationalités si diverses et de langues si différentes. Cette tâche, vous me l'avez rendue facile. Les délibérations de la Conférence étaient dignes d'un grand parlement du monde.

Messieurs, nous sommes arrivés à la fin de nos travaux et nous pouvons en être contents. La Conférence était une des plus suivies des dernières années. La présence du Chef du Gouvernement et des hôtes illustres était pour notre séance d'ouverture une distinction très flatteuse. Les rapports étaient soigneusement préparés et nous devons nos meilleurs remercîments à MM. les rapporteurs qui les ont présentés à la Conférence avec tant de talent. (*Applaudissements.*) Nous sommes également reconnaissants aux orateurs qui ont parlé avec autant de profondeur que d'éloquence, et quoique leurs opinions aient divergé sur plusieurs questions secondaires, l'adhésion unanime à l'idée-mère de l'arbitrage a finalement laissé une impression d'harmonie et d'accord général.

L'Union interparlementaire peut être satisfaite de sa propre histoire. Modique en ses débuts, elle a prudemment évité d'avancer des utopies. Avec un entendement décidément pratique, elle a mis en première ligne l'idée de l'arbitrage et il est incontestable que ses travaux et notamment ceux d'un de ses membres les plus distingués, M. Descamps ont fourni la base de la circulaire russe et des délibérations de la Conférence de La Haye. (*Approbation.*)

Ce grand succès obtenu par l'Union interparlementaire doit rester comme un point de départ pour sa carrière future. Le fait même d'une telle réunion de membres de parlements de tous les pays, est un nouvel événement très remarquable dans l'évolution politique moderne. C'est en effet un rapprochement des peuples qui s'accomplit par le rapprochement de leurs représentants. Le contact avec d'autres élargit notre vue et nous place à un niveau plus élevé. L'étroitesse d'esprit marche pas à pas avec la concentration exclusive de l'intérêt pour la propre personne. De même que l'homme acquiert une vue plus large en voyageant et en se frottant aux autres, ainsi les peuples élargissent leur horizon en multipliant leurs rapports mutuels. Le point de vue exclusivement national qui voit tout à travers ses lunettes nationales, n'est pas le dernier mot de la civilisation. Le rapprochement des nations amène une tolérance réciproque; se comprendre c'est aussi s'entendre. (*Très bien.*) Par votre rapprochement vous faites l'éducation politique de vos nations et, à ce point de vue, une réunion internationale comme la nôtre a une valeur permanente pour le développement des idées politiques. (*Applaudissements.*)

Soyons modestes, n'exagérons pas le mérite et l'importance de nos travaux, mais ne soyons pas non plus timides et découragés; il faut croire en soi et à son idée pour accomplir une tâche, et un peu d'enthousiasme est quelquefois un bon alliage pour le dur métal de la ténacité prudente. Je vois ces deux qualités réunies dans cette Union et c'est pourquoi je crois qu'elle a de l'avenir et grandira sans cesse. (*Applaudissements.*) En formant ce vœu je déclare close la onzième Conférence de l'Union interparlementaire. (*Applaudissements prolongés.*)

La séance est levée à 1 heure 30.

APPENDICE.

ANNEXE I.

RAPPORT
DU GROUPE SUÉDOIS, 1902–1903.

Après la dernière Conférence de l'Union interparlementaire à Paris, nous avons suivi la même ligne de conduite qu'auparavant, en continuant nos efforts, pour faire reconnaître les idées de paix et leur donner une influence plus accentuée sur les pouvoirs publics et dans la population. Arbitrage et neutralité permanente, voilà les problèmes dont la solution a spécialement attiré notre intérêt.

En ce qui concerne la question de l'arbitrage et de son fonctionnement, nous avons songé à en faire une motion au Riksdag; mais, à notre grande satisfaction elle fut superflue, car les autorités prirent l'initiative de s'enquérir des meilleurs moyens de résoudre, selon les hommes d'Etat, d'une manière favorable à tous, cette question très complexe.

A deux reprises, nous avons présenté au Riksdag des propositions en faveur du principe de la neutralité permanente. Le Riksdag, quoiqu'il ait rejeté ces propositions, a cependant déclaré, dans l'exposé des motifs de sa décision, que la nation suédoise désire fermement et sincèrement que les Royaumes unis, la Suède et la Norvège, puissent à jamais vivre en paix, sans se mêler des disputes ni des affaires d'autres Etats.

Le projet, approuvé par la Conférence de Paris, il y a trois ans, d'établir une Union de la presse pour propager la connaissance de l'arbitrage, de la neutralité et d'autres questions intéressant la paix, a bien été mis en délibération; mais il n'a pas encore abouti. Aucune section de l'Union de la presse ne s'est formée jusqu'ici en Suède, quoique la Hongrie en ait donné un éclatant exemple.

Au commencement de chaque Riksdag, nous avons souhaité la bienvenue aux sénateurs et aux députés dans notre première séance. Par cette démarche, plusieurs d'eux se sont fait inscrire sur le registre du groupe des amis de la paix. Le nombre total s'est ainsi accru de 65 à 92.

Pour faire connaître aux membres du Riksdag les aspirations de l'Union interparlementaire, ils furent invités à un discours de M. Ernest Beckman, sur l'origine et l'évolution de la mission qu'ont remplie les dix premières Conférences interparlementaires. Ce discours, dont les journaux suédois ont rendu compte en détail et avec beaucoup de bienveillance, a été imprimé et distribué à tous les sénateurs et à tous le députés. Puis, il leur a été distribué diverses brochures, par exemple: Résolutions votées par les huit premières Conférences interparlementaires; Actes Essentiels; Skandinavisk neutralitet par M. F. Bajer, etc.

Une fois que le ministre des affaires étrangères de Suède assistait à une séance de notre groupe, il exprima ses sympathies pour les œuvres de paix que les Conférences interparlementaires avaient, si heureusement, commencées.

En effet, le Gouvernement suédois a aussi prouvé, par des actes, qu'il apprécie hautement tout ce qui favorise une amélioration des relations internationales, en demandant au Riksdag une modeste subvention comme encouragement aux amis de la grande cause de la paix. Cette subvention a été accordée.

Sans doute, le groupe suédois est encore peu nombreux et faible. Mais, s'il a voulu contribuer à faire reculer la guerre, il a dû considérer d'où la guerre tire son origine. L'expérience et la science sont complètement d'accord en répondant à cette question: C'est toujours une volonté humaine qui donne naissance à la guerre.

Quand une tribu nomade a envie d'obtenir, d'une manière brutale, de nouveaux pâturages, elle prend les armes. Une peuplade qui a desiré acquérir des esclaves a dirigé, pour cela, ses incursions vers des territoires étrangers. Souvent, une nation a fait la guerre à son voisin dans l'intention de s'emparer des avantages d'une espèce ou d'une autre. Un chef d'Etat qui prétend avoir souffert une offense d'un autre souverain réclame satisfaction. Cela lui suffit pour faire appel au sort des armes.

C'est, par conséquent, la volonté des hommes qui provoque la guerre.

Par des évolutions progressives, on a établi certaines règles pour la manière de faire la guerre. Ces règles ont, certes, subi maintes modifications dans le cours des siècles. Cependant, celles-ci ont eu la dénomination honorable d'être une expression de ce qu'on appelle le droit de la guerre.

Mais, qu'est-ce que c'est que le droit de la guerre? La réponse que donnent les historiens critiques peut se résumer comme suit: le droit de la guerre n'est que la volonté du plus fort.

Des évènements, si sérieux et si terribles que les complications guerrières, dépendraient donc exclusivement de la volonté du plus fort. Il est évident que cela ne peut satisfaire l'intelligence humaine. Heureusement, nous entrevoyons une meilleure conception comme but des recherches toujours en progrès.

L'Etat, a-t-on dit, est un être indépendant; et il fait son apparition comme souverain. Mais, avec d'autres États, il entre comme partie intégrante dans un système. Il est donc évident, dans la pensée du groupe suédois, qu'aucun État ne peut se suffire à soi-même.

L'homme est aussi un être indépendant, mais il entre en même temps comme partie intégrante dans un système d'autres hommes. Ces derniers peuvent ainsi imposer des obligations à l'homme individuel.

Absolument de même pour l'État. Il entre, en effet, dans un système qui embrasse d'autres États. Ceux-ci peuvent, en conséquence, imposer des obligations à chaque État particulier. Au fond, c'est justement cette liaison systématique qui peut servir de base à un droit international. Le fondement de ce droit est, sans contredit, posé sur une base meilleure et plus sûre que sur la volonté du plus fort.

Reconnaître cette vérité que les Etats souverains forment un système, c'est, en réalité, faire suivre à chacun d'entre eux l'antique exhortation: *serva pacem et pax te servabit.*

POUR LE GROUPE SUÉDOIS:

GULLBRAND ELOWSON,
Président.

EDVARD WAVRINSKY,
Secrétaire.

ANNEXE II.

RAPPORT

sur l'activité du groupe norvégien (1901—1902), particulièrement concernant la question de la neutralité permanente des États scandinaves.

Sur l'invitation de M. Horst, président du Lagting, le groupe norvégien de l'Union interparlementaire pour l'arbitrage et la paix s'est constitué pour la période législative 1900—1903*) dans une réunion tenue le 7 février 1901.

Dans la réunion suivante du groupe, le 4 mars de la même année, le groupe a arrêté son règlement intérieur et a nommé comme membres de son bureau: MM. C. Berner, Bernhard Hanssen, H. Horst, Chr. Knudsen et A. Spörck, députés. MM. J. Lövland, ministre des travaux publics, et F. Hagerup, député, furent nommés suppléants du bureau.

Le bureau s'est constitué en nommant M. Horst, président, et M. Bernh. Hanssen, secrétaire du groupe.

Dans une réunion du 19 mars 1901 le groupe résolut de ne présenter aucun candidat, ni personne, ni institution, pour le prix Nobel de la paix. Fut aussi rejetée une proposition tendant à demander au bureau du groupe de préparer une proposition de candidature pour le prix. En qualité de parlementaires ou de ministres, les membres auraient l'occasion de présenter, individuellement ou plusieurs en commun, des candidatures au Comité Nobel du Parlement norvégien.

---

*) Le parlement *(Storting)* norvégien, dont les membres sont tous élus de la même manière pour une période de trois années, ne forme qu'une seule chambre pour les questions concernant la révision de la Constitution, le vote du budget ou la délibération des questions générales; pour la discussion des lois ordinaires le Storting se divise en deux sections, l'*Odelsting* (trois quarts des membres), et le *Lagting* (un quart des membres).

Dans la même réunion, le groupe résolut d'envoyer au groupe interparlementaire britannique un télégramme, que nous insérons ici en traduction:

»Au groupe britannique de l'Union interparlementaire pour l'arbitrage et la paix.

Le groupe norvégien de l'Union interparlementaire pour l'arbitrage et la paix salue ses collègues britanniques, les remercie de leur travail antérieur pour empêcher la guerre lamentable et ruineuse dans le Sud de l'Afrique, et exprime l'espoir qu'une paix sera bientôt conclue, qui justifie les exigences de l'humanité.«

Le 10 décembre 1901 le groupe organisa une soirée à l'occasion de la première distribution du prix Nobel de la paix, lequel fut attribué le même jour par le *Comité Nobel du Parlement norvégien* à MM. *Henri Dunant* et *Frédéric Passy*. Prirent part à la soirée, avec leurs dames, les membres du Comité Nobel, les ministres norvégiens et les membres du bureau de la société de la paix norvégienne. Les discours suivants furent prononcés officiellement: par M. Horst, président du groupe, en l'honneur du jour et en mémoire de M. Alfred Nobel; par M. Lövland, président du Comité Nobel, pour les lauréats du Prix de la Paix; par M. Chr. Knudsen, député, pour le Comité Nobel; par M. Björnstjerne Björnson, pour le Storting; par M. Berner, président du Storting, pour la Norvège.

Ensuite M. John Lund, vice-président du Comité Nobel a prononcé un discours en l'honneur de la Suède, patrie de M. Alfred Nobel.

Dans une réunion du 17 janvier 1902 le groupe a décidé de demander à M. Fredrik Bajer, président du Bureau international permanent de la paix, de déposer, de par le groupe interparlementaire norvégien, une couronne sur la bière de M. Sofus Högsbro, président du groupe danois, décédé.

LA NEUTRALITÉ DES ÉTATS SCANDINAVES.

La tâche principale, pourtant, pendant cette période, et qui a absorbé le plus d'intérêt et les forces du groupe interparlementaire norvégien, a été le travail pour participer à la solution de la question concernant la neutralité des États scandinaves.

Il est vrai que le but final n'est pas encore atteint de loin; mais on peut dire, tout au moins, que la Norvège a fait maintenant un beau commencement.

La société norvégienne de la paix, dans son assemblée générale de l'été 1900, avait adopté la résolution suivante:

»L'assemblée générale de la société norvégienne de la paix émet le vœu que le groupe norvégien de l'Union interparlementaire pour l'arbitrage et la paix fasse accélérer autant que possible le travail pour obtenir la déclaration de la neutralité permanente de la Norvège.«

Cette résolution fut soumise au groupe dans sa réunion du 4 mars 1901. On résolut de charger le bureau du groupe de la préparation ultérieure.

Le quatrième congrès des sociétés de la paix des trois pays scandinaves, réuni à Skien le 25 juillet 1901, transmit la résolution suivante au groupe interparlementaire norvégien:

»Le quatrième Congrès scandinave de la Paix émet le vœu que les trois royaumes scandinaves, en reconnaissant réciproquement leur souveraineté, concluent entre eux une Alliance de Paix et d'Arbitrage, et cela dans le plus bref délai possible.«

»Le Congrès est d'avis que cette convention devrait entre autres contenir les stipulations suivantes:

»1° Les États devraient saisir la première occasion favorable pour se déclarer neutres en principe et d'une façon permanente, conjointement ou séparément.«

»2° Les États ont le devoir d'empêcher le recours à la force dans leurs rapports réciproques, et surtout de conclure des traités d'arbitrage obligatoire (voir art. 19 de la Convention de la Haye de 1899 pour le règlement pacifique des conflits internationaux).«

»3° L'Alliance de Paix et d'Arbitrage devrait être organisée de manière que les Etats puissent, en commun et de la manière la plus pratique, remplir l'obligation qui est imposée aux puissances signataires de la Convention de la Haye, par l'article 27 de cette convention, dans le cas où un conflit aigu menacerait d'éclater entre deux ou plusieurs d'entre elles, tendant surtout à rappeler à celles-ci que la Cour permanente d'arbitrage leur est ouverte.«

»4⁰ D'autres États souverains pourront adhérer à cette Alliance dans les conditions stipulées par la convention.«

»La présente résolution sera envoyée aux ministres d'État norvégiens, aux ministres des affaires étrangères scandinaves, aux présidents des parlements et des groupes interparlementaires scandinaves, à l'Institut Nobel à Kristiania, au Conseil interparlementaire et au Bureau de la Paix à Berne.«

Ces deux adresses émanant des sociétés scandinaves de la paix furent discutées à plusieurs reprises tant par le bureau du groupe que par le groupe entier.

Le résultat de ces discussions fut que le groupe, le 25 janvier 1902, chargea son bureau de saisir le Storting d'une proposition portant

»qu'une commission spéciale de 9 membres du Storting soit nommée, laquelle soit chargée de délibérer, en tant que concerne la Norvège, sur la question de déclarer la neutralité permanente de la Norvège et de la Suède, et de présenter éventuellement une proposition d'une adresse au Roi à cet effet«.

Le groupe trouvait qu'on ne devait à présent délibérer que sur la question de la neutralité, principalement parce qu'il était supposé que la question de l'arbitrage pourrait être résolue d'une manière satisfaisante dans un avenir prochain.

On sait que le 5 mars 1890 et le 16 juin 1897 le Storting norvégien a adressé au Roi des demandes de tâcher de faire conclure des traités permanents d'arbitrage avec d'autres états.

Les négociations qui aboutissaient à la convocation de la Conférence de la Haye de 1899, et à l'établissement de la Cour permanente d'arbitrage à la Haye, aussi bien que les négociations internationales ultérieures qui en ont été les conséquences, ont amené une discontinuation du travail du Gouvernement norvégien relatif à la dernière adresse du Storting sur l'arbitrage.

Pendant la dernière année, pourtant, la question a été reprise par le Gouvernement, et il est permis d'espérer que le travail pour faire conclure des traités d'arbitrage avec d'autres états, et en première ligne avec les états voisins, sera mené à bonne fin dans un avenir relativement prochain.

Le Storting adopta la proposition du bureau du groupe et chargea une commission spéciale d'étudier la question; furent nommés membres de la commission: MM. Berner, président du Storting, Horst, président du Lagting, Arctander, président de l'Odelsting, A. Bergan, E. Enge, Aug. Hansen, Bernh. Hanssen, F. Hagerup et J. Svendsböe, députés.

La commission choisit M. Horst pour son président et rapporteur. Elle remit son rapport au Storting le 20 mai 1902.

Nous allons citer en résumé les principaux passages des considérants du rapport.

Il rappelle qu'en 1897 une commission du Storting, sur le rapport de laquelle était fondée l'adresse du Storting au Roi de la même année concernant l'arbitrage, avait soutenu que la Norvège et la Suède sont autorisées à conclure séparément des traités permanents d'arbitrage avec d'autres états.

La commission de la neutralité de cette année dit que, de l'autre côté, il va de soi que des déclarations de neutralité — à cause de l'Union conclue entre la Norvège et la Suède — doivent être faites conjointement pour les deux Etats.

Le rapport fait ensuite observer qu'en octobre 1898, à l'occasion de la prochaine conférence de la Haye, le Gouvernement norvégien, dans une proposition au Roi, avait opiné qu'il fallait tâcher d'obtenir la déclaration de la neutralité permanente de la Norvège et de la Suède, et le rapport cite textuellement les remarques du cabinet norvégien à cet égard.

Finalement le rapport appelle l'attention sur ce fait que les efforts pacifistes des peuples, soutenus par le besoin toujours croissant de paix, revêtent des formes de plus en plus distinctes, et il accentue à ce propos l'établissement de la Cour d'arbitrage internationale et permanente.

Le peuple norvégien a porté un grand intérêt à ce travail pacifiste, et la condition de notre nation rend impérieuse une constante politique de paix. Il va de soi que tous nos efforts doivent avoir pour but de nous garantir d'être mêlés dans des complications internationales, et de préserver notre neutralité en face des guerres éventuelles.

Les royaumes unis ont réussi à vivre en paix pendant toute la durée de notre Union.

A ce propos le rapport et ses annexes*) font observer que dans la dernière moitié du dix-huitième siècle et au commencement du siècle dernier les nations scandinaves ont conclu des traités d'alliance réciproques, et avec d'autres états, pour défendre leur neutralité par les armes (»neutralité armée«), tandis que, après l'Union entre la Norvège et la Suède, ces deux royaumes, aussi bien que le Danemark, ont seulement fait des déclarations de neutralité occasionnelles. En partie ces déclarations ont été faites après des négociations précédentes entre les royaumes scandinaves, et elles ont été transmises aux puissances simultanément et autant que possible conformes. Par leurs déclarations de neutralité et de droit maritime, dont les règles ont été plus tard généralement admises en principe, les Etats scandinaves ont considérablement contribué au développement du droit des gens (La déclaration de Paris 1856).

Le passage suivant du rapport de la commission est cité intégralement pour donner une notion plus distincte des principes sur lesquels repose la conclusion du rapport, laquelle devint aussi la résolution du Storting, et à laquelle le gouvernement norvégien a donné son adhésion.

»D'après les principes du droit des gens tout État souverain a le droit de rester neutre pendant une guerre entre d'autres puissances, et cela sans en faire la déclaration. Quand néanmoins de telles déclarations sont faites, la cause en est, bien entendu, que la déclaration démontre, de la manière la plus formelle et la plus nette, que c'est la volonté expresse de l'État en question de se tenir en dehors des complications survenues. L'importance en est augmentée, si l'on ajoute des déclarations nettes, constatant comment on envisage la nature et les voies d'exécution des devoirs d'un État neutre.

De même qu'un État souverain a le droit de rester neutre devant une guerre en perspective ou éclatée entre d'autres puissances, de même il va de soi que cet État peut faire une déclaration pronon-

---

*) Il y en a deux jointes au rapport de la commission:
1. Traits d'histoire de la neutralité des pays scandinaves.
2. Précis historique de la condition des états européens neutralisés

çant sa volonté de rester étranger, d'une façon permanente, à la politique internationale guerrière.

Par une déclaration de neutralité permanente, un Etat neutre ne renonce pas au droit de se défendre par les armes contre l'injustice et la violence, mais il renonce à tout droit de se mêler dans les querelles d'autrui. Ainsi il renonce jusqu'au droit de venir en aide à un état ami, quand même ce dernier serait l'objet d'une attaque injuste.

Une déclaration de neutralité permanente, en soi, ne peut, aussi peu qu'une déclaration occasionnelle de neutralité vis-à-vis d'une guerre survenue, avoir de conséquence particulière en matière de droit international, avant qu'il soit devenu une règle reconnue de droit coutumier que les puissances soient tenues de déclarer expressément qu'elles respecteront une déclaration de cette nature.

C'est une telle conséquence pour le droit international que vise la résolution adoptée en 1895 et répétée en 1897 par la Conférence interparlementaire de Bruxelles, portant que lorsqu'un Etat proclame sa neutralité permanente, cette neutralité doit être reconnue par les puissances.

Une telle reconnaissance implique naturellement que l'État qui a proclamé sa neutralité, est assez fort pour faire respecter sa position de neutre. Un pays qui a déclaré sa neutralité permanente n'échappe donc pas aux charges militaires qui sont indispensables pour la défence de son indépendance et de sa neutralité.

D'après le droit international généralement accepté, des états souverains et permanemment neutres, reconnus tels par des traités officiels, n'existent qu'à partir du commencement du dernier siècle. Cette neutralité permanente »le plus souvent est imposée à un petit État par une convention de puissances étrangères; mais elle peut aussi reposer sur une déclaration spontanée de l'État désirant de rester neutre, quand elle trouve l'assentiment exprès ou implicite des autres puissances«.*)

Les jurisconsultes de droit international ne sont pas d'accord pour dire si la neutralité de la Suisse peut être considérée comme »garantie« ou non. On peut dire que ce n'est là qu'une question

*) Liszt: »Das Völkerrecht« 1902, p. 45.

purement théorique sans aucune importance pratique. Ce n'était pas contrôle et protection que cherchaient pendant des siècles les fiers et indépendants paysans et bourgeois suisses, animés par un amour ardent de leur patrie. Le but de la lutte était le droit reconnu de vivre en paix. Ce droit fut reconnu en 1815, et il est bien caractéristique que toutes velléités de contrôle ou d'intervention se rattachent aux noms de la Sainte-Alliance et du Prince Metternich. Après les révolutions de 1848 on ne découvre plus de tentatives d'intervention ouvertes.

La neutralisation de la Belgique en 1831 nous montre un droit de contrôle, réglé par des traités, concernant quelques-unes des forteresses du pays, de la part des puissances garantes; mais l'histoire postérieure du pays nous démontre clairement que ce contrôle n'a rien signifié. Il est vrai que ce pays a été exposé à des intrigues politiques; mais aucun observateur attentif ne peut douter que la position neutre du pays n'ait eu une importance considérable pour conserver la souveraineté de l'État et la sûreté de son territoire.

En somme, la question de la »garantie« d'une neutralisation permanente d'un pays est très obscure. La garantie étant »collective«, c'est à dire, les puissances garantes n'étant en droit d'entreprendre qu'une intervention *commune*, tandis qu'elles ne peuvent pas s'immiscer séparément dans les affaires étrangères de l'État neutre, la garantie ne semble avoir guère d'importance. Il paraît que la »garantie« concernant les trois États neutres européens a été considérée comme collective, et dans ce fait on pourrait voir une cause coopérante des traités séparés conclus en 1870 par la Grande-Bretagne avec la Prusse et la France, pour garantir le territoire belge.

Il n'est pas probable que la question controversée de la nature et de l'importance de la »garantie« puisse devenir plus claire sans des faits nouveaux. On pourra peut-être poser que presqu'aucun État indépendant ne cherchera à obtenir une neutralité garantie; il ne le fera en aucun cas, sans que la nature et les conséquences de la garantie soient précisées. Mais de l'autre côté la reconnaissance de la neutralité permanente du pays, de la part de toutes les grandes puissances, apportera la même sécurité qu'on a voulu créer antérieurement par la »garantie«.

L'histoire ne nous montre jusqu'ici que très peu d'exemples d'une neutralité permanente reconnue telle sans garantie, c'est-à-dire une promesse de respecter toujours la neutralité déclarée. On pourrait peut-être citer comme de tels actes de reconnaissance: le traité des Pays-Bas avec la Belgique en 1839; l'adhésion de la Belgique, en 1867, au traité regardant la neutralisation du Luxembourg; et l'acte du Congo de 1885, en connexion avec la déclaration de neutralité de l'État du Congo de la même année.

L'opinion publique éclairée devient de nos jours de plus en plus forte. Une volonté nettement prononcée de s'abstenir désormais de toute ingérence dans les complications guerrières d'autrui, sera chaque jour, avec l'évolution de la démocratie, d'un plus grand poids, et elle pourra compter sur une bienveillance toujours croissante de la part des autres puissances. Il y a en Europe à présent une répugnance très répandue et très prononcée contre la guerre. Les nations pressentent qu'une guerre, éclatant en ce moment, irait se propager, et aurait pour conséquences des horreurs et des misères telles que ne connaissaient pas les guerres d'autrefois. On peut donc supposer que des tentatives de limiter des guerres futures par des déclarations de neutralité, seront reçues avec tant de sympathie de la part du public éclairé, que même les gouvernements des États y adhèreront, et une parole une fois donnée en forme de convention internationale sera à l'avenir de plus en plus difficile à rompre.

Comme a remarqué un jurisconsulte éminent de droit international, les petis États ne perdront rien de leur indépendance par leur neutralité permanente, tandis que, en participant à la grande politique internationale ils risqueront »de se faire les satellites des grandes puissances ou de passer des unes aux autres par un jeu d'intrigue. Un pareil rôle serait pour eux une déchéance morale . . .«*)

De même que la neutralité de la Suisse et de la Belgique a pour cause en grande partie la même situation géographique des deux pays, on trouve — comme déjà mentionné — un motif très sérieux dans la situation géographique des pays scandinaves, pour chercher à les garantir pour jamais du danger de la guerre, et leur neutralité permanente sera sans doute dans l'intérêt bien entendu de toute l'Europe.

*) Westlake, dans la »Revue de droit international« 1901, p. 389 ss.

Les négociations internationales éventuelles concernant la neutralité permanente des pays scandinaves seraient d'une grande importance pour le développement du droit des gens européen, et si elles aboutissaient à un résultat heureux, elles se joindraient d'une façon heureuse aux résultats importants qu'a déjà obtenus la politique de neutralité scandinave d'autrefois.

Nous avons déjà appelé l'attention sur ce fait, que la résolution de la 4e Réunion des sociétés scandinaves de la Paix ne se borne pas à recommander que les États scandinaves soient déclarés neutres en principe et d'une façon permanente; la résolution émet en outre le vœu que la déclaration se fasse »conjointement«, c'est-à-dire, que les États forment une alliance de paix et de neutralité. Comme on l'a vu, le groupe interparlementaire du Storting n'a pas inséré cette partie de la résolution dans sa proposition au Storting, et aussi la présente Commission ne trouve-t-elle pas le moment opportun pour discuter si une telle alliance devrait être formée en même temps que la Norvège et la Suède seraient — éventuellement — déclarées neutres d'une façon permanente. La pensée est très belle sans doute; mais plus est compliqué le but qu'on se propose, plus l'exécution en sera difficile; c'est pourquoi la Commission trouve qu'à présent on doit se borner à une tâche plus simple. Si des propositions, telles que discute ce rapport, gagnent l'assentiment de la représentation nationale danoise et du gouvernement danois, il sera sans doute d'une importance capitale, si les déclarations de neutralité, après accord précédent, sont faites en même temps et, autant que possible, conformes.

Le but final des efforts des amis de la paix sera naturellement la conclusion des traités permanents d'arbitrage entre tous les Etats et le règlement des différends internationaux par des tribunaux permanents d'arbitrage. Mais jusqu'à ce qu'un tel état des choses soit créé, les déclarations de neutralité permanente de la part des États petits et moyens — avec notification postérieure de par les autres États de leur volonté de respecter cette neutralité — contribueront puissamment à garantir les petits États d'être engagés dans les guerres éventuelles des grandes puissances; ces déclarations seront d'une importance incalculable dans l'œuvre toujours progressive de la paix universelle.«

Au cours de ses discussions la commission est arrivée à ce résultat qu'il vaudra mieux de former les conclusions du rapport comme une adresse au Gouvernement.

Conformément à ceci, la commission recommande au Storting de demander au Gouvernement d'entamer, dès qu'il jugera le moment opportun, des négociations sur la question de la neutralité permanente de la Norvège et de la Suède, en essayant de la réaliser de telle sorte qu'elle assure la liberté et l'indépendance des deux Etats.

C'est la présupposition de la commission, qu'aucune démarche obligeant notre État soit faite, avant que soit obtenue, par des négociations précédentes avec d'autres puissances, une clarté suffisante sur les droits et les devoirs résultant de la neutralité permanente. En même temps la commission recommande au Storting d'exprimer l'espoir que des conventions d'arbitrage obligatoire entre la Norvège et d'autres États, notamment les pays voisins, seront conclus dans un avenir prochain.

Conformément à ces considérations, la Commission propose au Storting d'adopter telle

RÉSOLUTION:

»Le Storting,

en exprimant la persuasion que les autorités norvégiennes, conformément aux désirs de la nation, tiendront toujours à travailler pour le maintien de la neutralité du royaume,

et espérant qu'après la Conférence de la Paix de la Haye en 1899 et l'établissement d'un Tribunal permanent d'arbitrage, on réussira dans un avenir prochain à conclure, conformément aux adresses du Storting au Roi en 1890 et 1897, des conventions d'arbitrage obligatoire avec d'autres pays, notamment avec nos pays voisins,

demande au Gouvernement d'entamer, dès qu'il jugera le moment favorable, des négociations concernant la question de la neutralité permanente de la Norvège et de la Suède, en essayant de la réaliser de telle sorte qu'elle assure la liberté et l'indépendance des deux Royaumes.«

Le rapport de la Commission fut discuté par le Storting le 24 mai 1902.

M. BLEHR, président du Cabinet norvégien, dit:

»Le ministère Steen ayant, il y a déjà quatre ans, exprimé ses vues sur cette question, et moi-même ayant eu plusieurs fois l'occasion de développer mon opinion là-dessus, il pourrait paraître superflu que je donne une déclaration. Je le trouve correct, pourtant, d'accentuer qu'à tous égards, moi et mes collègues, nous nous joignons au rapport déposé par la Commission spéciale de la neutralité. Nous y voyons une conception claire, tant de la question elle-même et de son importance, que des voies et moyens à employer pour atteindre le but qui doit être commun à nous tous. Ce n'est pas, d'après moi, une tâche facile; mais je trouve, avec la Commission, que tout pas en avant dans cette voie, toute déclaration, même émanant des petits états, a son importance pour l'évolution; je trouve que toute négociation internationale concernant la question sert à éclairer les règles du droit des gens sur lesquelles il faut bâtir pour arriver à un résultat pratique.«

»Il est permis, je trouve, de regarder avec les meilleures espérances l'histoire de l'arbitrage pendant ces dernières années. L'idée de l'arbitrage a commencé par rencontrer très peu d'appréciation, même une forte résistance; mais il a fini par gagner l'adhésion de grands et puissants états — adhésion qui a contribué à éclairer les questions douteuses, de sorte que les règles ont été formées de plus en plus distinctement. On a même vu que l'évolution a augmenté le nombre des différends aptes à être réglés par l'arbitrage. Je citerai comme exemple que le dernier traité d'arbitrage, qui n'est pas encore ratifié, il est vrai, mais qui vient d'être conclu cette année entre quelques États américains, a compris entre les différends à régler par l'arbitrage jusqu'aux litiges relatifs aux frontières. Ceci démontre que l'arbitrage est susceptible de développement, et il est permis d'espérer que les règles seront de plus en plus vastes et satisfaisantes.«

»Quant à la neutralité, je crois que le temps amènera le même résultat; toute négociation entre les États contribuera à ce qu'on tâche de développer des règles de plus en plus pratiques.«

»Je me joins donc à la Commission de la neutralité, et je vais faire cette déclaration que le Gouvernement fera son possible, qu'il va employer tous les moyens qu'il trouvera utiles, pour favoriser la tâche que lui a imposée la Commission.«

M. Horst, président et rapporteur de la Commission, dit:

»On pourrait dire qu'il s'était passé un temps assez prolongé depuis le moment où la Commission avait reçu son mandat du Storting, jusqu'à présent que le rapport est soumis à l'assemblée; la raison en est facile à démontrer. Une commission spéciale, composée entre autres des président de quatre des comités permaments du Storting, ne trouvera pas aisément, pendant le travail parlementaire, le temps de se réunir; et de l'autre côté — ce qui est incomparablement plus essentiel — la question est en soi tellement importante, si nouvelle et si vaste qu'elle demande d'être tranquillement pesée et profondément discutée.«

»La commission vient de présenter un rapport unanime, et je crois qu'on peut dire que ce rapport unanime porte surtout l'empreinte du seul et même désir qui a animé toute la commission — sans égard aux divergences d'opinions sur d'autres points —: le désir de favoriser l'œuvre de la Paix. La commission a compté parmi ses membres des hommes qui ont principalement travaillé dans l'œuvre populaire de la paix, d'autres qui ont pris une part active à l'œuvre interparlementaire, d'autres encore qui se sont sourtout occupés des recherches plus tranquilles et plus scientifiques, mais pourtant — au point de vue de l'œuvre pacifique — aussi importantes de l'Institut de droit international. La commission a abouti à une conclusion unanime, et j'espère que les allégations du rapport et les visées de sa conclusion seront de telle nature que la pratique puisse les réaliser.«

»Le président du Conseil des ministres vient de déclarer son adhésion au rapport; il était permis de s'y attendre d'après l'attitude qu'a montrée autrefois le Cabinet Steen et le président du Conseil actuel. Il va sans dire que la solution offrira des difficultés, et je crois que le rapport montre que les membres de la commission en ont tenu compte. Les opinions peuvent différer sur la nature et sur l'étendue de ces difficultés; mais nous avons tous vu que la tâche — comme vient de dire le président du conseil — ne sera pas facile. Toutefois, nous pouvons maintenant avoir la confiance que le Gouvernement norvégien — auquel j'espère que le Storting, par un vote unanime, remettra maintenant la question — va déployer un travail sérieux et actif pour résoudre les difficultés.«

»On dit de bien des côtés que c'en est fait des petits États: ils auront eu leur temps; mais on entend aussi des voix tout-à-fait contraires. On dit aussi que le droit des petits États de vivre et d'exister se fonde spécialement sur ce fait, qu'ils sont peut-être capables de contribuer un supplément relativement plus grand au capital matériel et intellectuel du genre humain. Je crois que, particulièrement dans l'œuvre pacifique, les petits État sont appelés à jouer un rôle considérable et important. C'est l'espoir des membres de la Commission que le travail qu'elle vient de soumettre au Storting sera aussi une contribution à la grande, à l'importante œuvre de la paix universelle.«

La proposition de la commission, citée plus haut, fut adoptée d'un vote unanime par le Storting.

Sans égard aux divergences politiques, le Storting norvégien, d'accord avec le gouvernement, est donc unanimement désireux de chercher à obtenir la déclaration et la reconnaissance de la neutralité permanente de la Norvège et de la Suède, aussi bien que la conclusion de traités permanents d'arbitrage entre la Norvège et les autres Etats.

Pendant la prochaine session parlementaire, qui va être ouverte le 11 octobre de cette année, le groupe espère pouvoir réaliser une coopération avec une Union de la Presse norvégienne pour l'arbitrage et la paix, union qu'on espère pouvoir fonder dans un avenir prochain. Une partie de la Presse norvégienne a nommé une commission de journalistes pour discuter la création d'une telle Union de la presse.

Kristiania, le 21 juin 1902.

Le président du groupe interparlementaire norvégien

HORST.

ANNEXE III.

LISTE DES MEMBRES

DES DIFFÉRENTS GROUPES PARLEMENTAIRES DE L'UNION.

GROUPE ALLEMAND.

DÉPUTÉS DU REICHSTAG:

(Le Reichstag se compose de 397 membres.)

** 1. Ablass, Dr.
2. Barth, Dr. (Kiel).
3. Bargmann.
* 4. Blell Charles.
5. Brömel.
* 6. Cahensly.
7. Dasbach.
** 8. Eickhoff Richard.
** 9. Faltin.
10. Fischbeck.
11. Gaulke.
** 12. Gerstenberger.
* 13. Glebocky Joseph de.
** 14. Glowacki.
* 15. Hanssen.
16. Hodenberg, baron.
17. Hoffmeister.
** 18. Hug.
* 19. Kittler.
* 20. Kopsch Jules.
* 21. Lenzmann.

Les noms marqués de deux astérisques sont ceux des membres qui étaient présents à la Conférence, les noms marqués d'une astérisque sont ceux des membres qui, ayant adhéré à la Conférence, n'ont pu y assister.

22. Lurz M.
** 23. Marbe.
24. Mies.
25. Mommsen Charles.
* 26. Müller-Sagan, Dr.
27. Mugdan.
** 28. Nadbyl.
** 29. Pachnicke, Dr.
** 30. Preiss.
** 31. Riff Adolphe.
32. Sabin.
** 33. Schmidt Reinhard.
* 34. Schmieder.
35. Schrader Charles.
* 36. Schuler, curé.
** 37. Schüler Jules.
** 38. Schwarze.
39. Spethmann.
** 40. Stržoda.
** 41. Szumla.
** 42. Tasch, prélat.
43. Traeger.
44. Wallerborn.
** 45. Wattendorf.
** 46. Wetterlé Emile.
47. Zehnhoff am, Dr.
48. Zwiok.

MEMBRES DE LA CHAMBRE DES DÉPUTÉS DE LA PRUSSE:

1. Bar de, Dr.
2. Dommes.
3. Funck.
** 4. Goldschmidt Charles.
* 5. Grabski L. de.
6. Hagen de.
** 7. Hauptmann, Dr.

** 8. Hirsch Maximilien, Dr., président du groupe allemand.
** 9. Hoheisel, curé.
** 10. Jaegen.
* 11. Kaselowsky.
12. Kindler Hugo.
13. Kittler (Thorn).
14. Kreitling.
* 15. Langer Adolphe.
16. Lüders (Görlitz).
** 17. Metzner.
* 18. Mooren.
19. Nielsen.
20. Oeser.
21. Osthaus.
** 22. Rosenow Léopold.
23. Schulz (Berlin).
* 24. Stychel.
25. Wetekamp.
26. Wiener, Dr.
* 27. Wolff (Lissa).

ANCIENS DÉPUTÉS:

** 1. Beckh.
** 2. Harmening Ernest, Dr.
3. Jeschke Cuno,
** 4. Schaettgen Frédéric-Auguste.

GROUPE ANGLAIS.

Président:

HON. PHILIP J. STANHOPE, Carlton Gardens, London S. W.

Secrétaire honoraire:

W. RANDAL CREMER, 11, Lincoln's Inn Fields, London W. C.

CHAMBRE DES LORDS:

1. Lord Avebury.
2. Lord Coleridge.
3. Lord Hobhouse.
4. Lord Shuttleworth.

MEMBRES DE LA CHAMBRE DES COMMUNES:

(La Chambre des Communes se compose de 670 membres.)

1. W. Abraham.
2. J. T. Agg-Gardner.
3. R. A. Allison.
4. J. Emmot Barlow.
5. Thomas Bayley.
6. Richard Bell.
7. T. Dolling Bolton.
8. John Brigg.
9. Henry Broadhurst.

** 10. Sir J. T. Brunner, Bt.
11. T. R. Buchanan.
12. Thomas Burt.

** 13. James Caldwell.

14. Robert Cameron.
15. F. A. Channing.
16. R. Hunter Craig.
** 17. W. Randal Cremer.
18. Alfred Davies.
19. James H. Dalziel.
20. M. Vaughan Davies.
21. John A. Dewar.
22. George Doughty.
23. J. Hastings Duncan.
24. John E. Ellis.
25. Samuel T. Evans.
26. C. Fenwick.
27. J. M. F. Fuller.
28. Sir Christopher Furness.
** 29. D. Ford Goddard.
30. Corrie Grant.
31. Sir W. Brampton Gurdon.
32. R. B. Haldane.
33. George Harwood.
34. Rt. Hon. C. Seale Hayne.
35. Arthur Henderson.
36. Sir Samuel Hoare, Bt.
37. John D. Hope.
38. C. E. Hobhouse.
39. F. John Horniman.
40. A. C. Humphreys-Owen.
41. Sir James Joicey, Bt.
42. L. Atherley Jones.
43. George Lambert.
44. Batty Langley.
45. Sir Wilfrid Lawson, Bt.
46. Sir Joseph F. Leese.
47. Sir John Leng.
48. Maurice Levy.
* 49. David Lloyd-George.
50. John W. Logan.

** 51. Thomas Lough.
** 52. Sir. Chas. P. B. McLaren, Bt.
53. Dr. Thomas J. Macnamara.
54. J. H. Maden.
55. H. R. Mansfield.
56. Sir William Mather.
57. Rt. Hon. J. W. Mellor.
58. Sir Fred. G. Milner, Bt.
59. J. Lloyd Morgan.
60. Charles Morley.
61. Samuel Moss.
62. Sir Geo. Newnes, Bt.
63. Capt. Cecil Norton.
64. T. Willans Nussey,
65. James O'Kelly.
66. Geo. W. Palmer.
67. Benjamin Pickcard.
* 68. D. V. Pirie.
69. Robert J. Price.
70. Arthur Priestley.
71. Russell Rea.
72. Harold J. Reckitt.
73. Sir Robert T. Reid.
74. J. Compton Rickett.
** 75. J. Bryn Roberts.
* 76. Edmund Robertson.
77. Sir Thomas Roe.
78. Sir Albert K. Rollit.
* 79. Colonel C. M. Royds.
** 80. Charles E. Schwann.
81. C. P. Scott.
82. D. J. Shackleton.
83. Samuel Smith.
84. F. S. Stevenson.
85. Theodore C. Taylor.
86. F. Whitley Thomson.
87. Charles E. Tritton.

* 88. Alexander Ure.
89. J. Lawson Walton.
90. Joseph Walton.
91. Eugene Wason.
92. J. Cathcart Wason.
* 93. J. Galloway Weir.
94. George White.
95. Luke White.
96. George Whiteley.
97. Herbert Whiteley.
98. J. H. Whitley.
99. A. Osmonde Williams.
100. Henry J. Wilson.
101. John Wilson (Durham).
102. John W. Wilson.
* 103. Sir James Woodhouse.
104. Robert Yerburgh.
105. J. H. Yoxall.

ANCIENS MEMBRES DE LA CHAMBRE DES COMMUNES:

1. Joseph Arch.
2. Sir John Baker.
3. R. V. Barrow.
4. J. W. Benn.
5. Alexander Brown.
6. R. D. Burnie.
** 7. W. P. Byles.
8. Sir T. D. G. Carmichael, Bt.
** 9. C. B. Clark.
** 10. Thomas Curran.
11. W. Rees Davies.
12. Cyril Dodd.
13. R. L. Everett.
** 14. F. C. Frye.
15. Walter Hazell.
16. Hugh E. Hoare.

17. Sir Angus Holden.
18. Thomas R. Leuty.
19. Hugh C. F. Luttrell.
20. J. A. Murray Macdonald.
21. Walter S. B. Mc Laren.
22. Fred Maddison.
23. Sir Samuel Montagu, Bt.
24. A. C. Morton.
25. E. H. Pickersgill.
26. J. Allanson Picton.
27. David Randell.
28. James Rowlands.
** 29. Thomas Snape.
30. Robinson Souttar.
31. Albert Spicer.
** 32. Hon. Philip J. Stanhope.
33. Alfred Webb.
34. Sir W. Wedderburn, Bt.
35. Sir William H. Wills, Bt.
36. J. Havelock Wilson.
37. Sam Woods.

GROUPE AUTRICHIEN.

Président:

BARON DE PIRQUET.

Vice-Présidents:

M. DE PLENER, CHEVALIER DE GNIEWOSZ.

Secrétaires:

DR. FOURNIER, DR. HEROLD.

Membres du Bureau:

DR. KRAMÁŘ, DR. LAMMASCH, CHEVALIER DE ROSZKOWSKI, DR. RUSS.

MEMBRES DE LA CHAMBRE DES SEIGNEURS:

(La Chambre des Seigneurs se compose de 230 membres.)

1. Attems Ignace, comte.
2. Bilinski Léon, chevalier, conseiller intime, ancien ministre, gouverneur de la Banque Austro-hongroise.
* 3. Chlumecky Jean, baron, conseiller intime, ancien ministre.
4. Dunin-Borkowski Miecislas, comte.
5. Frida Emil, Dr., professeur à l'Université tchèque de Prague.
6. Gleispach Jean, comte, conseiller intime, ancien ministre, président de la Cour d'Appel à Graz.
7. Gomperz Jules, chevalier, président de la Chambre de Commerce à Brünn.
8. Gomperz Theodor, professeur à l'Université de Vienne.
** 9. Grünhut Charles, professeur à l'Université de Vienne.
** 10. Harrach Jean, comte, conseiller intime.

11. Hauffe Léopold, chevalier, professeur à l'École polytechnique de Vienne
12. Inama-Sternegg Charles de, conseiller intime, président du Bureau de la statistique.
13. Jagič Vatroslav, professeur à l'Université de Vienne.
* 14. Kottulinsky Adalbert, comte, conseiller intime.
15. Krainski Ladislas, chevalier, Dr.
16. Krauss Charles, baron, conseiller intime.
17. Kuefstein Charles, comte, conseiller intime, ministre plénipotentiaire.
* 18. Lammasch Henri, professeur à l'Université de Vienne.
19. Lanckoroński Charles, comte, conseiller intime.
20. Lobmeyr Charles.
** 21. Merveldt François, comte, conseiller intime, ancien gouverneur du Tirol.
22. Oppenheimer Louis, baron.
23. Orsini-Rosenberg Henri, prince, conseiller intime.
** 24. Plener Ernest de, conseiller intime, ancien ministre, président de la Cour des Comptes.
25. Puthon Victor, baron, conseiller intime.
* 26. Randa Antoine, chevalier, professeur à l'Université de Prague.
** 27. Schönborn Frédéric, comte, conseiller intime, président de la Cour de Justice administrative, ancien ministre.
28. Schreiner Maurice, chevalier.
29. Thun-Hohenstein-Salm-Reifferscheid Joseph Oswald, comte, conseiller intime.
30. Zaleski Philippe, chevalier, conseiller intime, ancien ministre.
** 31. Zoll Frédéric, professeur à l'Université de Cracovie.

MEMBRES DE LA CHAMBRE DES DÉPUTÉS:

(La Chambre des Députés se compose de 425 membres.)

1. Abrahamowicz David, chevalier, conseiller intime.
** 2. Abrahamowicz Eugène, chevalier.
** 3. Bärnreither Joseph, Dr., conseiller intime, ancien ministre.

4. Bareuther Ernest, Dr.
5. Barwinski Alexandre.
6. Basevi Giuseppe.
7. Bečvar Philippe.
8. Berks Hugo, chevalier.
** 9. Binder Guillaume, Dr.
** 10. Brdlik Joseph.
* 11. Březnovsky Venzeslas.
12. Bromovsky Joseph.
13. Conci Henri, Dr.
** 14. Czajkowski Ladislas, chevalier.
* 15. Danielak Michel, Dr.
** 16. Deym Frédéric, comte.
** 17. Doblhoff Henri, baron.
** 18. Doboszynski Adam, Dr.
** 19. Dvořak Venceslas.
20. Ehrenfels Bernard, baron.
21. Formanek Venceslas.
22. Fořt Joseph, Dr.
** 23. Gniewosz Vladimir, chevalier.
24. Górski Pierre, chevalier.
** 25. Götz Léopold, Dr.
** 26. Grosz Gustave, Dr.
* 27. Haase Théodore, Dr.
* 28. Hájek Maximilien.
29. Heinrich Jean.
30. Heller Servace.
** 31. Herold Joseph, Dr.
32. Hirsch Gustave, Dr.
33. Holansky Adalbert.
34. Hovorka François.
* 35. Jaroš Jean.
36. Kaftan Jean.
37. Karbus Venceslas.
38. Klein Hubert, baron.
* 39. Kramář Charles, Dr.
** 40. Kratochvil François.

41. Kubr Stanislas.
42. Kübeck Maximilien, baron.
43. Kvekić Radoslas.
44. Lang Ignace, Dr.
45. Lenassi Alfred.
** 46. Licht Etienne.
** 47. Liechtenstein Louis, Prince.
48. Ludwigstorff Antoine, baron, conseiller intime.
** 49. Lueger Charles, Dr., bourgmestre de Vienne.
50. Malfatti Valérien, baron.
51. Marzani Albert, comte.
52. Maštalka Henri.
53. Menger Maximilien, Dr.
54. Niementowski Thadée, chevalier, Dr.
** 55. Ofner Jules, Dr.
56. Pacak Frédéric, Dr.
** 57. Pálffy Edouard, comte, conseiller intime.
** 58. Pergelt Antoine, Dr.
59. Peschka François.
* 60. Petelenz Ignace.
61. Pfeifer Guillaume.
62. Placek Boleslas.
** 63. Ploj Frédéric, Dr.
64. Polesini Benoit, marquis.
65. Pospišil Jean.
66. Pražak Ottocar, baron, Dr.
** 67. Reichstädter François.
68. Rizzi Louis, Dr.
69. Rosenzweig Léon.
** 70. Roszkowski Gustave, chevalier.
71. Ryba Guillaume.
** 72. Schücker Zdenko, Dr.
** 73. Schwarz François.
** 74. Skala Edouard.
75. Šramek Ferdinand.

** 76. Starzynski Stanislas, chevalier, Dr.
77. Stránský Adolphe, Dr.
** 78. Stürgkh Charles, comte, conseiller intime.
79. Stwiertnia Paul.
** 80. Šilený Venceslas.
81. Špindler Ervin.
82. Tambosi Antoine.
83. Urban Charles, Dr.
84. Vencajz Jean.
* 85. Vogler Louis, Dr.
86. Wassilko George, baron.
87. Wassilko Nicolas, chevalier.
88. Weiser Henri.
89. Wielowieyski Henri, chevalier, Dr.
** 90. Wodzicki Antoine, comte, conseiller intime.
91. Wolkenstein Guillaume, comte.
92. Začek Jean.

ANCIENS DÉPUTÉS:

1. Blažek Gabriel.
** 2. Boháty Adolphe.
** 3. Burgstaller de.
4. Campi Louis de.
** 5. Doblhoff Rodolphe, baron.
6. Dubsky Adolphe, comte.
7. Dulęba Ladislas, chevalier, Dr.
8. Exner Guillaume, Dr.
9. Forcher Conrad de.
* 10. Fournier Auguste, Dr.
11. Fux Hugo, Dr.
12. Haase Jean.
13. Habermann Joseph, Dr.
14. Hallwich Hermann, Dr.
15. Helcelet Ctibor, Dr.
16. Janda Hermann.
** 17. Kareis Joseph.

18. Kaunic Venceslas, comte.
19. Kronawetter Ferdinand, Dr.
20. Krumbholz Venceslas.
21. Kusar Joseph.
22. Lang Cestmir.
** 23. Lewakowski Charles, Dr.
24. Lewicki Vitold, chevalier, Dr.
** 25. Ludwig Ferdinand.
26. Luzzato Raphael.
27. Nabergoj Jean.
28. Neuber Guillaume.
** 29. Pirquet Pierre, baron.
30. Rammer Mathieu.
31. Rolsberg Charles, baron.
32. Roser François, Dr.
* 33. Russ Victor, Dr.
** 34. Stalitz Charles, chevalier.
35. Suess Edouard, Dr.

MEMBRES DES DIÈTES PROVINCIALES:

** 1. Čelakowsky Jaromir, Dr. (Bohême).
** 2. Honsa Henri (Bohême).
3. Jahl Ladislas (Galicie).
4. Kotrbelec, Dr. (Bohême).
5. Krejcik Joseph (Bohême).
6. Kovarik Joseph (Bohême).
7. Kozlowski Vladimir, chevalier, Dr. (Galicie).
8. Madĕra Antoine (Bohême).
9. Mašek Louis (Bohême).
10. Pinkas Ladislas (Bohême).
11. Podlipny Jean, Dr. (Bohême).
12. Šamanek Venceslas, Dr. (Bohême).
13. Štolz Charles (Bohême).
14. Wurst Adolphe (Galicie).
15. Zimmer, Dr. (Bohême).

GROUPE BELGE.

SÉNATEURS:

(Le Sénat belge se compose de 110 membres.)

1. Allard.
2. Audent.
3. Bastien.
4. Bergmann.
** 5. Boël.
6. Boëyé.
7. Braun.
8. Brulé.
9. Cappelle.
10. Claeys Boúúaert.
11. Clément.
12. Cools.
13. d'Andrimont.
14. Le baron de Favereau, Ministre des Affaires Étrangères.
15. De Fuisseaux.
16. Le comte de Hemricourt de Grunne, Secrétaire du Sénat.
17. Le baron de Kerchove d'Exaerde.
18. de Kerchove d'Ousselghem.
** 19. de Lanier.
20. Le comte de Limburg Stirum.
21. De Mot.
22. de Ramaix.
23. Le comte de Renesse.
* 24. Le chevalier Descamps, président du groupe interparlementaire du Sénat.

25. de Séjournet.
26. Le baron de Selys Longchamps.
27. Le baron de Vinck de Winnezeele.
28. Devolder.
29. Le baron d'Huart, Secrétaire du Sénat.
30. Doreye.
* 31. Dupont, Vice-président du Sénat.
* 32. Le comte Goblet d'Alviella, Secrétaire du Sénat.
33. Grimard.
34. Hanrez.
** 35. Henricot.
** 36. Houzeau de Lehaie, Secrétaire du groupe interparlementaire du Sénat.
37. Hubert.
38. Huet.
** 39. Lafontaine.
** 40. Lambiotte.
41. Le Clef.
42. Magis.
43. Meyers.
44. Le baron Orban de Xivry.
45. Picard.
46. Poncelet.
47. Raepsaet.
48. Roberti.
49. Sainctelette.
50. Selb.
51. Steurs.
52. Stiénon Du Pré.
53. Le baron Surmont de Volsberghe.
54. Le comte t'Kint de Roodenbeke.
55. Van Vreckem.
56. Vercruysse, Astère.
57. Verspreeuwen.
** 58. Wiener.
59. Le baron Whettnall, Questeur du Sénat.
* 60. Warnant, Secrétaire général du Sénat.

ANCIENS MEMBRES DU SÉNAT:

1. Cogels.
2. Ectors.
3. Guinotte.
4. Limpens.
5. Le comte de Marnix de Ste Aldegonde.
** 6. Le baron de Montblanc.
7. Otlet.
8. Plissart.
9. Le comte de Pret Roose de Calesberg.
10. T'Serstevens.

MEMBRES DE LA CHAMBRE DES REPRÉSENTANTS:

(La Chambre des Représentants se compose de 166 membres.)

DÉPUTÉS:

1. Heynen, Vice-président de la Chambre.
2. Carton de Wiart, Secrétaire de la Chambre.
3. Segers, Secrétaire de la Chambre.
4. Warocqué, Questeur.
5. Allard.
6. Anseele.
7. Beauduin.
** 8. Beernaert, Ministre d'État, ancien Président du Conseil, Président du groupe de la Chambre Représentants.
** 9. Bertrand.
10. Biart.
** 11. Borboux.
* 12. Brabant.
13. Branquart.
** 14. Braun.
15. Buyl.
16. Caeluwaert.
* 17. Cambier Félix.
18. Cambier Léon.
19. Cartuyvels.

* 20. Cavrot.
21. Colaert.
22. Colfs.
23. Cooreman.
24. Coremans.
25. Cousot.
* 26. Daens.
* 27. De Backer.
28. de Biolley.
29. Debontridder.
30. de Broqueville, Secrétaire du groupe de la Chambre des Représentants.
31. De Bruyn.
32. de Corswarem.
33. De Coster.
34. de Ghellinck d'Elseghem.
35. De Jaer.
36. Delbastée.
37. Delbeke.
38. Delporte Victor.
* 39. Delvaux Henri.
40. Demblon.
41. De Meester.
* 42. Denis.
43. De Ponthière.
** 44. de Sadeleer.
** 45. Destrée.
46. de Theux de Meylandt.
47. de Trooz, Ministre de l'Intérieur et de l'Instruction publique.
48. Devigne.
49. de Winter.
50. Duquesne.
51. Feron.
52. François.
53. Francotte, Ministre de l'Industrie et du Travail.

** 54. Furnémont.
55. Gielen.
56. Giroul.
57. Gouters.
58. Hambursin.
59. Harmignie.
* 60. Helleputte.
61. Horlait.
62. Hubert.
* 63. Janson.
64. Lemonnier.
65. Lepage.
66. Levie.
* 67. Lorand.
68. Mabille.
* 69. Maenhaut.
70. Malempré.
* 71. Maroille.
72. Neujean.
73. Nolf.
* 74. Pepin.
75. Petit.
76. Pil.
77. Pitsaer.
78. Pouille.
* 79. Raemdonck.
80. Renkin.
81. Rosseeuw.
82. Ruzette.
83. Smeets.
84. Terwagne.
85. Van Cleemputte.
86. Vandenbogaerde.
87. Van den Broeck.
88. van der Bruggen, Ministre de l'Agriculture.
89. Vandervelde.
90. Van de Venne.

* 91. Van Reeth.
92. Verhaegen.
* 93. Versteylen.

ANCIENS MEMBRES DE LA CHAMBRE DES REPRÉSENTANTS :

1. de Borchgrave.
2. Bailly.
3. de Lalieux.
** 4. de Montpellier.
5. Fichefet.
6. Fléchet.
** 7. Jeanne.
8. Koch.
9. Magnette.
10. Théodor.
11. Ullens.
** 12. Pastur.
13. Bouchez.
14. Jourez.
** 15. Micha.
16. Anspach-Puissant.
17. Bergé.
18. Coppée.
19. de Briey.
20. de Moreau.
21. Deprez.
22. Tournay.
23. Grosfils.
24. Mallar.
25. Neef-Orban.
26. Philippot.
27. Robert.
28. Van Marck.

LE SECRÉTAIRE DES COMITÉS BELGES :

M. Marchal, V^or. Chef de bureau au Secrétariat général du Sénat belge.

GROUPE BULGARE.

MEMBRES DU SOBRANIÉ:

(Le Sobranié se compose de 150 membres.)

Président:

S. S. BOBTCHEFF.

Vice-Président:

A. FRANGHIA.

Secrétaire:

DR. N. GHENADIEFF.

Membres du Bureau:

N. MOUCHANOFF, VLAYKOFF, OUROUMOFF, MIRSKY, POPOFF, JABLANSKY, ZABOUNOFF.

1. D. Tzankoff.
** 2. S. Bobtcheff.
3. D. Hristoff.
4. J. Vasoff.
* 5. A. Franghia.
6. D. Popoff.
7. S. Daneff.
8. A. Liudskanoff.
9. G. Goubidelnicoff.
10. H. Thodoroff.
11. A. Radeff.
12. P. Abracheff.
13. N. Konstantinoff.

14. P. Papantcheff.
15. Dr. N. Ghenadieff.
16. D. Petkoff.
17. A. Ouroumoff.
18. Iv. Moskoff.
19. M. Dospatsky.
20. S. Mahmoudoff.
21. D. Jablansky.
22. H. Bacaloff.
23. D. Marcoff.
24. N. Beneff.
25. T. Théodoroff.
26. Dr. K. Milanoff.
27. G. Zgoureff.
28. G. Passaroff.
29. K. Mirsky.
30. G. Kardjieff.
31. S. Laftchieff.
32. V. Dimitroff.
33. V. Statcoff.
34. D. V. Mantchoff.
35. F. Simidoff.
36. P. Dragouleff.
37. T. Orloff.
38. D. Zografsky.
39. K. Kafedjisky.
40. T. Feradoff.
41. D. Draghieff.
* 42. N. Mouchanoff.
43. R. Nicoloff.
44. Tz. Taslacoff.
45. D. Filoff.
46. M. Savtcheff.
47. A. D. Samokovliisky.
48. D. Iconomidis.
49. S. Slavoff.
50. A. Blajeff.

51. P. Thodoroff.
52. A. Gheneff.
53. J. Gherkoff.
54. G. Trifonoff.
55. N. Natcheff.
56. T. Natcheff.
57. J. Socoloff.
58. P. Tchaoucheff.
59. P. D. Zlatareff.
60. D. Toneff.
61. V. Dimtcheff.
62. P. Chopoff.
63. N. Popoff.
64. V. Hristoff.
65. J. Eneff.
66. J. Zabounoff.
67. J. Ghéorghieff.
68. A. Karakoleff.
69. K. Maleff.
70. A. Strachimiroff.
71. J. Vodentcharoff.
72. M. Bojkoff.
73. P. Vajaroff.
74. P. Markoff.
75. T. Vlaykoff.
76. G. Filippoff.
77. P. Tontcheff.
* 78. P. Ghoudeff.
79. V. Popoff.
80. B. Jacovoff.
81. N. Ouzounoff.
82. A. Stantchoff.
83. H. Minoff.
84. M. Husseinoff.

GROUPE DANOIS.

Président:

1. TRIER, Président du Folketing, Copenhague.

Vice-Président:

2. MADSEN-MYGDAL, membre du Landsting.

Trésorier:

3. KVIST, membre du Folketing.

Secrétaire:

** 4. BAJER Fr., ancien deputé, Copenhague (Korsgade 56, 2, N.).

Membres du Bureau:

5. BLEM, membre du Folketing.
** 6. BLUHME, membre du Folketing.
7. CHRISTENSEN, membre du Folketing, ministre des Cultes et de l'Instruction publique.
** 8. VON KRABBE, membre du Folketing.

MEMBRES DU FOLKETING (DÉPUTÉS):

(Le Folketing se compose de 114 membres.)

9. Aadal.
10. Alberti, ministre de la Justice.
11. Andersen N.
12. Andersen R.
13. Barner, chambellan.
14. Berg Sigurd.
15. Berntsen.
16. Birck.

17. Bjerre K.
18. Bjerre P.
19. Borgbjerg.
20. Byriel-Jensen.
21. Christensen Alfred.
22. Christensen N. C.
23. Christensen Poul.
24. Deuntzer, Président du conseil et ministre des Affaires Étrangères.
25. Dinesen.
** 26. Doose.
27. Ellinger.
28. Fogtmann.
29. Frandsen.
30. Frederiksen.
31. Guldbrandsen.
32. Hage, ministre des Finances.
33. Hammerich.
34. Hansen Carl (Vinde).
35. Hansen Carl (Holsteinsminde).
36. Hansen Ole, ministre de l'Agriculture.
** 37. Hansen Rasmus.
38. Högsbro Svend.
** 39. Hördum.
40. Hyller.
41. Jensen Anton.
42. Jensen Harald.
43. Jensen Ingvard.
44. Jensen J. (Sönderup).
45. Jensen J. (Merlöse).
46. Jensen J. H.
47. Jensen J. J.
48. Jensen Lars.
49. Jensen Laust.
** 50. Jensen N.
51. Jensen N. C.
52. Jensen-Knudstrup.

53. Jessen.
54. Jungersen.
55. Jörgensen.
** 56. Klausen K. M.
57. Knop.
58. Knudsen P.
59. Kristiansen K.
60. Lange.
61. Larsen Thomas.
62. Lassen Vilhelm.
63. Lindü.
64. Lyngsie.
65. Madsen H.
66. Madsen Martin
67. Madsen P.
68. Markvorsen.
69. Marott.
** 70. Meyer.
71. Möller H. L.
72. Moestrup.
73. Mölgaard-Nielsen.
74. Neergaard.
75. Nielsen Anders.
76. Nielsen J.
77. Nielsen P. T.
78. Nielsen R. (Hammerum).
79. Nielsen R. (Bröderup).
80. Nielsen-Grön.
81. Nielsen-Kirkelund.
82. Nörhave.
83. Olsen Martin.
84. Olsen Ole.
85. Olsen Sigvald.
86. Ovesen.
87. Patursson.
88. Pedersen H. P.
89. Pedersen K.

90. Pedersen L.
91. Pedersen N.
92. Pinstrup.
93. Piper.
94. Rasmusen Paul.
95. Rasmussen Christian.
96. Rasmussen L.
97. Reventlow, Grand Veneur.
98. Rosager.
99. Rosleff.
100. Rördam.
101. Sabroe.
102. Sandbæk.
103. Schmidt.
104. Slengerik.
105. Stub.
106. Sveistrup.
107. Svendsen.
108. Sörensen C.
109. Sörensen Enevold.
110. Sörensen S.
111. Thomsen.
112. Wiinblad.
113. Zahle.

LANDSTING:

(Le Landsting se compose de 66 membres.)

1. Andersen.
** 2. Berthelsen Jörgen.
3. Buhl.
4. Bærentsen.
** 5. Dalsgaard.
6. Ejsing.
7. Gundesen.
8. Hansen N.
9. Jensen K.

10. Jensen Ole.
11. Jensen P.
12. Jensen S.
13. Johansen.
14. Kofoed.
15. Möller N.
16. Nielsen H. J.
17. Pedersen H. P.
18. Rasmussen J.
19. Rasmussen P.
20. Sörensen-Egaa.
21. Sörensen Jens.
22. Vestergaard J.
23. Vestergaard J. Simonsen.

ESPAGNE.

** Marcoartu Arturo de, ancien sénateur.

ÉTATS-UNIS D'AMÉRIQUE.

** Hon. Bartholdt Richard.

GROUPE FRANÇAIS.

Président:

LABICHE ÉMILE, sénateur.

Vice-Président:

LA BATUT, vicomte, député.

Secrétaire:

BRÉLET, préfet.

SENATEURS:

(Le Sénat se compose de 300 membres.)

** 1. Bataille Martial.
* 2. Beaupin François.
** 3. Béraud Auguste.
4. Bizot de Fonteny Pierre.
** 5. Bonnefille Frédéric.
** 6. Ciceron Alphonse.
** 7. Darbot Jean-Ernest.
8. Delpech Auguste.
** 9. Duval César.
** 10. Fagot Eugène.
11. Fallières Armand, Président du Sénat.
** 12. Forgemol de Bostquenard Edmond, vicomte.
13. Garreau Georges-Raoul.
14. Gacon Jules.
15. Gayot Émile.
16. Gérente Paul.
* 17. Gotteron Louis.

* 18. Goutant Charles.
* 19. Guérin Henri.
20. Guyot Émile.
** 21. Labiche Émile, Président du groupe.
22. Malézieux Ferdinand.
* 23. Milliès Lacroix Raphaël.
24. Outhenin-Chalandre Gaston.
25. Pauliat Louis.
* 26. Petitjean Victor.
* 27. Piettre Léon.
28. Pozzi Samuel.
** 29. Rambourgt Eugène.
30. Rénaudat Alphonse.
31. Riou Yves.
32. Saint-Germain Joseph de.
** 33. Saisy Hervé de.
34. Sal Léonce de.
35. Thuillier Alfred.
36. Trarieux Ludovic, ancien ministre de la Justice.
37. Treille Alcide.

DÉPUTÉS:

(La Chambre des Députés se compose de 584 membres.)

** 1. Armez Louis.
2. Astier Placide.
* 3. Augé Justin.
** 4. Baudet Louis.
5. Baulard Ferdinand.
* 6. Beauquier Charles.
* 7. Berteaux Maurice.
8. Bertrand Paul.
** 9. Bienvenu Martin.
10. Blanc Edmond.
11. Bony-Cisternes Antoine.
12. Bompard Raoul.
13. Bourgeois Léon, ancien président du conseil.

* 14. Bussière Etienne.
** 15. Buyat.
16. Cauvin Ernest.
17. Chabert Justin.
18. Chandioux Jean.
** 19. Chapuis Gustave.
* 20. Chastenet Guillaume.
21. Clament Clément.
* 22. Cochery Georges, ancien ministre des Finances.
* 23. Codet Jean.
* 24. Constant Émile.
25. Coutant Jules.
26. Cruppi Jean.
** 27. Debussy Alfred.
** 28. Delbet Ernest.
* 29. Delarue.
** 30. Deléglise.
* 31. Deloncle François.
32. Demarçay.
33. Deschanel Paul, ancien président de la Chambre des Députés.
* 34. Dunaime Henri.
35. Dupuytrem Raymond.
36. Estournelles de Constant Paul de, baron.
* 37. Euzière Frédéric.
38. Fanien Achille.
39. Féron.
40. Flandin.
* 41. Fleury Ravarin.
42. Galley Jean-Baptiste.
43. Gayraud Hippolyte.
** 44. Gentil Achille.
45. Gévelot Jules.
46. Gontaut-Biron Joseph de, comte.
47. Gotteron.
48. Grandmaison George de
49. Guillain Antoine.

* 50. Hubbard Gustave.
51. Henrique-Duluc.
52; Janet Léon.
** 53. La Batut, vicomte, Ferdinand de la Borie de, Vice-président du groupe.
* 54. Labussière Émile.
** 55. Lachaud Edouard.
56. Laloge Philippe.
57. Laroche-Joubert Edgar.
* 58. Lhopiteau Gustave.
** 59. Meunier Paul.
60. Michel Henri.
* 61. Muteau Alfred.
62. Muzet Alexis.
** 63. Noël Ernest.
64. Périer de Larsan Henri du, comte.
* 65. Péron.
66. Perreau Camille.
* 67. Perroche Paul.
* 68. Plondin.
69. Pourquery de Boisserin Gaston.
* 70. Pourteyron Paul.
71. Puech Louis.
72. Ricard Henri.
** 73. Rouby Louis.
74. Roch Gustave.
* 75. Sarrazin Pierre.
** 76. Saumande George.
77. Siegfried Jules, ancien ministre du commerce.
** 78. Sireyjol Léon.
79. Théron Ferdinand.
* 80. Torchut.
81. Ville Pierre.

ANCIENS PARLEMENTAIRES.

1. Barodet.
2. Guyot Yves.

** 3. Laroze Pierre.
4. Morellet.
** 5. Passy Frédéric.

ATTACHÉS AU GROUPE FRANÇAIS.

** Bertrand Alphonse, Secrétaire-rédacteur du Sénat.
** Pommeraye de la, Secrétaire-rédacteur du Sénat.
** Hustin, Secrétaire général de la questure du Sénat.
** Brelet, préfet, Secrétaire du groupe français.

GROUPE HOLLANDAIS.

MEMBRES DE LA PREMIÈRE CHAMBRE DES ÉTATS GÉNÉRAUX (SÉNATEURS) :

(La première Chambre se compose de 51 membres.)

* 1. H. M. J. van Asch van Wijk, Jonkheer, Dr.
2. R. T. H. P. L. A. van Boneval Faure.
3. H. P. C. Bosch van Drakestein, Jonkheer.
4. J. Breebant.
5. H. F. Bultman.
6. W. C. J. J. Cremers, Dr.
7. P. J. J. S. M. van der Does de Willebois, Jonkheer.
8. A. J. Dijkmeester, Dr.
9. H. Fennema.
10. J. G. Gleichman, Dr.
11. W. Hovy.
12. F. B. s'Jakob.
13. M. de Jong.
14. H. J. Kist.
15. D. Laan.
16. H. van Lier, Dr.
17. S. A. Vening Meinesz, Dr.
18. W. Merkelbach.
19. A. H. J. H. Michiels van Kessenich, Jonkheer.
** 20. F. S. van Nierop, Dr.
21. A. E. J. Nijsingh, Dr.
22. W. C. Baron van Pallandt van Neerijnen, Dr.
** 23. E. N. Rahusen, Dr., délégué au Conseil de l'Union.
24. F. J. M. Reekers, Dr.
25. H. G. L. Regout.

26. W. J. van Welderen Baron Rengers, Dr.
27. A. M. Sassen, Dr.
28. J. E. N. Baron Schimmelpenninck van der Oye.
29. H. A. Nebbens Sterling, Dr.
30. J. P. R. Tak van Poortvliet, Dr.
31. D. K. Welt.
32. E. H. J. M. van Zinnicq Bergmann, Dr.

ANCIENS SÉNATEURS:

1. W. J. Th. van Basten Batenburg, Dr.
2. J. H. Geertsema, Dr.
3. G. J. van Heek.
4. C. Pijnacker Hordijk, Dr.

MEMBRES DE LA DEUXIÈME CHAMBRE DES ÉTATS GÉNÉRAUX (DÉPUTÉS):

(La deuxième Chambre se compose de 100 membres.)

** 1. H. W. van Asch van Wijk, Jonkheer, Dr.
2. J. B. D. van den Berch van Heemstede, Jonkheer.
3. A. P. R. C. Baron van der Borch van Verwolde.
** 4. H. Goeman Borgesius.
5. D. Bos, Dr.
6. A. Brummelkamp.
7. J. T. Cremer.
8. A. Baron van Dedem.
9. H. L. Drucker.
10. P. B. J. Ferf.
11. D. Fock.
12. S. M. H. van Gijn.
13. G. J. Goekoop.
14. V. A. M. van den Heuvel.
15. J. M. Pijnacker Hordijk.
16. J. H. W. M. van Idsinga.

17. F. J. J. Janssen.
18. A. P. C. van Karnebeck, Jonkheer, Dr.
19. J. Krap.
20. K. ter Laan.
21. A. F. de Savornin Lohman, Jonkheer, Dr.
22. Æ. Baron Mackay, Dr.
23. J. H. de Waal Malefijt.
24. J. M. M. H. Merckelbach.
25. O. F. A. M. van Nispen tot Sevenaer, Jonkheer, Dr.
26. W. H. Nolens, Dr.
27. E. E. van Raalte.
28. L. D. J. L. de Ram.
29. C. A. M. Raaymakers.
30. R. P. Mees RAzn, Dr.
31. N. de Ridder.
32. P. Rink.
33. J. Roëll, Jonkheer.
34. A. D. P. V. van Löben Sels.
35. H. Smeenge.

** 36. M. Tydeman Jr., Dr., délégué au Conseil de l'Union

37. R. van Veen.
38. H. A. van de Velde.
39. B. R. F. van Vlijmen.

* 40. S. M. van Wijk.

41. G. Zijlma.

ANCIENS DÉPUTÉS:

1. W. H. de Beaufort, Dr.

** 2. A. Bouman.

** 3. C. V. Gerritzen.

** 4. S. van Houten, Dr.

5. M. de Ras.

GROUPE HONGROIS.

Président:

** Apponyi Albert, comte, conseiller intime, ancien président de la Chambre des Députés.

Secrétaire:

** Dessewffy Aristide de, Secrétaire général de la Chambre des Députés.

MEMBRES DE LA CHAMBRE DES MAGNATS:

(La Chambre des Magnats se compose de 371 membres.)

1. Ambrózy Etienne, baron.
2. Bánffy Désiré, baron, conseiller intime, ancien président du conseil.
3. Burghard-Bélaváry Conrad.
4. Bogdanovics Lucien, évêque.
5. Bornemissza Charles, baron.
6. Bubics Sigismond, évêque, conseiller intime.
7. Csáky Aubin, comte, conseiller intime, ancien ministre.
8. Cziráky Antoine, comte, conseiller intime.
9. Császka Georges, archevêque de Kalocsa, conseiller intime.

* 10. Chotek Rodolphe, comte.
11. Daruváry Aloyse de, conseiller intime.
12. Dessewffy Aurèle, comte, conseiller intime.
13. Ernuszt Clément de, conseiller intime.

* 14. Esterházy Michel, comte.
15. Gáll Joseph de.

16. Ghyczy Béla de, Lieutenant-Général.
17. Harkányi Frédéric, baron.
18. Hornig Charles, baron, évêque, conseiller intime.
19. Jankovich Ladislas, comte.
20. Jókai Maurice.
21. Károlyi Etienne, comte.
22. Kautz Jules de, conseiller intime.
23. Keglevich Etienne, comte, conseiller intime.
24. Ludvigh Jules de.
25. Nádasdy François, comte, conseiller intime.
26. Redl Louis, baron.
27. Samassa Joseph, archevêque d'Eger, conseiller intime.
28. Szápáry Jules, comte, conseiller intime, ancien président du conseil.
29. Szápáry Ladislas, comte, conseiller intime.
30. Széchényi Emmanuel, comte, conseiller intime, ancien ministre.
31. Széchényi Jules, comte, conseiller intime, ancien ministre.
32. Széchényi Béla, comte, conseiller intime.
33. Széchényi Emeric, comte.
34. Vojnits Etienne, baron.
35. Wodianer Albert, baron, conseiller intime.
36. Wekerle Alexandre, conseiller intime, ancien président du conseil.
37. Zichy Antoine, comte.
38. Zeyk Joseph, baron.
39. Zay Nicolas, comte.
40. Zselénszky Robert, comte, conseiller intime.

MEMBRES DE LA CHAMBRE DES DÉPUTÉS.

(La Chambre des Deputés se compose de 453 membres.)

1. Andrássy Géza, comte, conseiller intime.
2. Andrássy Théodore, comte, conseiller intime.
3. Angyal Joseph de.

** 4. Apponyi Albert, comte, conseiller intime, ancien président de la Chambre des Députés.
* 5. Avramescu Pachomius.
6. Babó Michel.
7. Baghy Béla.
8. Barabás Béla de.
9. Bartha Nicolas de.
10. Batthyányi del Théodore, comte.
11. Bauer Antoine.
* 12. Bedő Albert de.
* 13. Benyovszky Alexandre, comte.
** 14. Berzeviczy Albert de, conseiller intime, ministre.
15. Bethlen Blaise, comte.
** 16. Blaskovits François.
* 17. Bolgár François de.
18. Brázay Coloman.
19. Böszörményi Alexandre.
20. Bedőházy Jean de.
21. Csáky Louis, comte.
22. Chernel Jules.
* 23. Csávossy Béla de.
24. Cseh Ervin de, conseiller intime, ministre.
25. Dániel Gabriel de.
26. Dániel Ernest, baron, conseiller intime, ancien ministre.
27. Dániel Tibor, baron.
28. Darányi Ignace de, conseiller intime, ancien ministre.
29. Dedovics George.
30. Dókus Erneste de.
31. Dobieczky Alexandre.
32. Domahidy Elemér de.
33. Éhen Jules.
** 34. Eremits Paul.
35. Esterházy Coloman, comte.
36. Ernszt Alexandre.
37. Falk Maximilien.

38. Fülöpp Béla.
39. Frey François de.
40. Fernbach Pierre.
41. Gajári Edmond de.
42. Gromon Desiré de, conseiller intime.
43. Günther Antoine.
44. Győrffy Jules, Dr.
45. Hadik Jean, comte.
46. Hammersberg Ladislas.
47. Harkányi Jean, baron.
** 48. Hegedüs Charles de.
49. Hegedüs Alexandre de, conseiller intime, ancien ministre.
50. Hock Jean.
51. Holló Louis.
52. Hentaller Louis.
53. Halász Sigismond de.
54. Ivánka Oscar de.
55. Issekutz Victor.
* 56. Jágits Joseph.
57. Jékey Sigismond.
58. Josipovich Géza.
59. Justh Jules de.
60. Jovanovits Etienne.
61. Kammerer Ernest.
** 62. Karátsonyi Aladár, comte.
** 63. Kállay Léopold de.
64. Károlyi Antoine.
65. Károlyi Alexandre, comte.
66. Keglevich Jules, comte.
67. Kende Pierre.
* 68. Klobusiczky Jean de.
* 69. Kossuth François de.
** 70. Krasznay François.
71. Kubinyi Arpád de.
72. Kiss Emile, Dr.
73. Lánczy Jules, Dr.

74. Lánczy Léon.
75. Láng Louis, Dr., conseiller intime, ancien ministre.
* 76. László Michel.
** 77. Latinovits Géza de.
78. Lator Alexandre.
79. Legrádi Charles.
80. Leszkay Jules.
81. Lukáts Jules.
82. Manasszy George.
83. Miklós Edmond de.
84. Mohay Alexandre de.
85. Molnár Jean.
86. Molnár Akos.
87. Münich Auréle de.
88. Mandel Paul, Dr.
89. Molnár Eugène, Dr.
90. Nagy Alexandre, Dr.
91. Nedeczey Jean.
92. Neményi Ambroise.
93. Nopcsa Alexe, baron.
* 94. Neumann Armin.
95. Ováry François.
96. Pekár Jules, Dr.
97. Perczel Desiré de, conseiller intime, président de la Chambre des Députés.
98. Perényi Sigismond, baron.
99. Pildner François.
100. Pintér Alexandre.
* 101. Piukovich Joseph de.
102. Polczner Eugène.
103. Putnoky Maurice.
** 104. Popovics Etienne.
* 105. Pattyánszky Alexe.
106. Radvánszky George de.
107. Rakovszky Etienne de.
** 108. Reich Aladár.

109. Révay Jules, baron.
110. Rosenberg Jules, Dr.
111. Rudnay Alexandre de.
** 112. Sághy Jules, Dr.
113. Samassa Jean, Dr.
114. Széll Coloman de, ancien président du conseil, conseiller intime.
115. Szerb George.
116. Szivák Emeric, Dr.
117. Szuhányi François.
118. Sturmann George.
119. Serbán Nicolas.
120. Szájbélyi Jules.
121. Szentiványi Arpád de.
122. Smialovszky Valérien de.
** 123. Szulyovszky Désiré de.
** 124. Szüllő Géza.
** 125. Szemere Nicolas de.
126. Sándor Paul.
* 127. Solymosy Edmond, baron.
128. Solymosy Louis, baron.
* 129. Szabó François.
130. Seemajer Jean.
131. Steiner François.
* 132. Teleky Alexandre, comte.
133. Thoroczkay Nicolas, comte.
134. Teleky Jules, comte.
135. Tormay Charles.
136. Vásárhelyi Ladislas.
137. Veszter Emeric.
* 138. Visontay Samuel.
139. Vészi Joseph.
140. Vojnits Alexandre.
141. Wass Béla, comte.
142. Wlassich Jules, Dr., conseiller intime, ancien ministre.
143. Werner Jules.

144. Zichy Jean, comte.
145. Zichy Eugène, comte, conseiller intime.
146. Zmeskál Zoltán de.

ANCIENS DÉPUTÉS:

1. Asbóth Jean.
2. Benke Jules
3. Bessenyey François.
4. Blaskovits Alexandre.
5. Emmer Corneille, Dr.
* 6. Egyedy Arthur.
7. Farbaky Etienne, Dr.
8. Fehér Nicolas.
9. Földváry Elemér de.
10. Gyurkovits Georges.
11. Jellinek Arthur.
12. Kemény Ákos, baron
13. Krajsik François.
14. Lévay Louis.
15. Lónyay Alexandre.
16. Makfalvay Géza de.
17. Matlekovits Alexandre, Dr., conseiller intime.
18. Mezey Maurice.
19. Miklós Jules.
** 20. Pázmándy Denis de.
21. Ragályi Louis, Dr.
* 22. Rudnyánszky Béla, Dr.
23. Rudnay Béla de.
24. Ruffy Paul.
25. Rakovszky Géza, de.
* 26. Stojanovits Georges, baron.
27. Szinyei-Merse Paul de.
28. Türr Etienne.
** 29. Vermes Béla.
30. Vőrős Jean.
* 31. Wolffner Théodore.
32. Zmertich Ivan.

GROUPE ITALIEN.

Président honoraire:

M. BIANCHERI, Président de la Chambre des Députés.

Président:

M. le Marquis BENJAMIN PANDOLFI, ancien député.

Secrétaire général:

M. G. DANIELI, député.

Secrétaires:

M. G. CAMERA, député, M. B. CIRMENI, deputé.

Délégués au Conseil interparlementaire:

M. A. PIERANTONI, Sénateur M. M. FERRARIS, député.

SÉNATEURS:

(Le Sénat se compose de 390 membres.)

1. Accinni, amiral.
2. Arcoleo, avocat.

** 3. Astengo, avocat.

* 4. Baccelli G., avocat.

5. Balestra, avocat.

** 6. Borgatta, avocat.

** 7. Cadenazzi, avocat.

8. Caetani, duc de Sermoneta.
9. Canonico, professeur.

10. Cantoni, professeur.
** 11. Carle, professeur.
12. Carnazza, professeur.
13. Cefaly.
* 14. Cognata, docteur.
* 15. Cordopatri.
16. Cremona, professeur.
17. D'Antona, docteur.
18. D'Ayala Valva, comte.
* 19. De Angeli.
20. De Cristofaro baron dell' Ingegna.
21. Della Verdura, duc, G. Benso.
22. Del Zio, professeur.
* 23. Di Prampero, comte.
24. Di San Giuseppe, baron.
* 25. Fabrizi, docteur.
** 26. Fé d'Ostiani, comte.
* 27. Frola, avocat.
28. Gravina, marquis.
29. Inghilleri.
* 30. Lanzara, avocat.
31. Mantegazza, docteur.
32. Massabò, avocat.
33. Michiel, comte.
34. Monteverde, professeur.
* 35. Pascale.
36. Pasolini, comte.
37. Paternò di Sessa, professeur.
38. Paternostro, docteur.
* 39. Pierantoni, professeur, délégué au Conseil.
* 40. Pinelli, comte.
41. Ruffo, prince de Bagnara.
** 42. Schininà, marquis de St. Elia.
43. Siacci, colonel.
44. Sonnino, baron.
45. Trinchera, professeur.
46. Vischi, avocat.

MEMBRES DE LA CHAMBRE DES DÉPUTÉS.

(La Chambre des Députés se compose de 508 membres.)

1. Abignente, professeur.
** 2. Aguglia, avocat.
3. Aliberti.
4. Altobelli, avocat.
5. Angiolini, docteur.
6. Anzani, baron.
7. Aprile, baron.
8. Avellone, avocat.
* 9. Baragiola, docteur.
10. Barnabei, docteur.
11. Barzilai, avocat.
12. Basetti, docteur.
* 13. Bastogi, comte.
14. Bergamasco, ingénieur.
15. Berio, avocat.
16. Biancheri, avocat, Président honoraire du groupe.
* 17. Bianchi Emile, avocat.
18. Bianchi Leonard, professeur.
19. Bianchini, comte.
20. Biscaretti, comte di Ruffia.
21. Bonoris, comte.
22. Borsarelli, marquis de Rifréddo.
23. Bovi, avocat.
24. Bracci, comte.
25. Broccoli, advocat.
** 26. Brunialti, professeur.
27. Brunicardi, ingénieur.
28. Calderoni, docteur.
29. Caldesi, avocat.
30. Calissano, avocat.
** 31. Callaini, avocat.
32. Calleri, avocat.
33. Calvi, avocat.
34. Camagna, avocat.

** 35. Camera, avocat, Secrétaire du groupe.
** 36. Campi, avocat.
** 37. Cantarano, docteur.
* 38. Capaldo, avocat.
* 39. Caratti, avocat.
40. Carboni Boj., avocat.
41. Carcano, avocat.
42. Carmine, ingénieur.
43. Casciani, docteur.
* 44. Castoldi, ingénieur.
45. Cavagnari, avocat.
46. Celli, docteur.
47. Ceriana Mayneri, comte.
48. Cerri, avocat.
* 49. Chiarugi, professeur.
50. Chiesi, écrivain.
51. Chimienti, avocat.
52. Chimirri, avocat.
** 53. Ciccotti, professeur.
54. Cimati.
** 55. Cimorelli, conseiller.
56. Cipelli, avocat.
* 57. Cirmeni, docteur, Secrétaire du groupe.
58. Cocco Ortu, avocat.
* 59. Cocuzza.
60. Colajanni, professeur.
** 61. Colombo, professeur.
62. Colonna, prince.
63. Colosimo, avocat.
64. Compagna, baron.
** 65. Compans, marquis.
66. Contarini, marquis.
67. Corrado, avocat.
68. Cortese, professeur.
** 69. Costa Zenoglio, docteur.
** 70. Cottafavi, avocat.
* 71. Credaro, professeur.

72. Crespi, docteur.
* 73. Curioni, avocat.
74. Cuzzi, avocat.
75. D'Alife, comte Gaetani.
** 76. D'Andrea, avocat.
77. Daneo Edouard, avocat.
78. Daneo Jean, avocat.
* 79. Danieli, avocat, Secrétaire général du groupe.
80. De Amicis, agriculteur.
81. De Andreis, ingénieur.
82. De Asarta, comte.
** 83. De Bellis, écrivain.
84. De Bernardis, avocat.
* 85. De Gaglia, docteur.
86. De Giacomo, professeur.
87. De Giorgio, avocat.
88. Del Balzo Charles.
89. Del Balzo Jerôme, baron.
90. De Luca Hippolite, avocat.
91. De Luca Paul, avocat.
* 92. De Marinis, professeur.
** 93. De Nava, avocat.
94. De Nobili, marquis.
95. De Novellis, docteur.
96. De Prisco.
* 97. De Seta, ingénieur.
98. Di Bagnasco, marquis.
** 99. Di Canneto, prince.
** 100. Di Palma, écrivrin
101. Di Rudini, marquis.
102. Di Sant' Onofrio, marquis.
103. Di Scalea, prince.
** 104. Di Stefano, avocat.
105. Di Trabia, prince.
* 106. Donadio, ingénieur.
** 107. Donati, avocat.
* 108. Donnaperna, marquis.

** 109. Dozzio, industriel.
110. Engel, ingénieur.
111. Falcioni, avocat.
112. Falconi N., avocat.
113. Farinet Alphonse.
114. Farinet François, professeur.
115. Fasce, professeur.
116. Fazzi, docteur.
* 117. Fede, docteur.
** 118. Ferraris, docteur, délégué au Conseil.
* 119. Ferrero, marquis de Cambiano.
120. Fiamberti, avocat.
121. Fili-Astolfone, avocat.
122. Finocchiarol C., avocat.
123. Florena, avocat.
124. Fortis, avocat.
** 125. Fracassi, marquis.
126. Fradeletto, professeur.
127. Franchetti.
** 128. Francica-Nava.
129. Frascara, ingénieur.
* 130. Freschi, comte.
131. Fulu Nicolo, avocat.
132. Fusco, avocat.
** 133. Fusinato, professeur.
134. Gaetani, comte.
135. Galimberti, avocat.
** 136. Galletti, colonel.
137. Galli, avocat.
** 138. Gallini, avocat.
139. Gallo, avocat.
140. Galluppi, avocat.
141. Garavetti, avocat.
142. Gattorno.
143. Gavotti, avocat.
144. Ghigi, écrivain.
145. Gianturco, avocat.

146. Giordano Apostoli, baron.
147. Girardini, avocat.
148. Giuliani.
** 149. Giunti, baron.
150. Giusso, comte.
151. Grossi, avocat.
* 152. Gualtieri, avocat.
153. Guerci, ingénieur.
154. Lacava, avocat.
155. Lampiasi, docteur.
** 156. Landucci, avocat.
157. Leali, comte.
** 158. Leonetti.
* 159. Libertini-Gravina Pasquale.
* 160. Libertini-Pluchinotta Gesnaldo, docteur.
161. Lojodice, avocat.
** 162. Lollini, avocat.
163. Lucca, ingénieur.
164. Lucchini Angelo, industriel.
* 165. Lucchini Luigi, professeur.
** 166. Lucernari, comte.
167. Lucifero, marquis.
168. Luzzatti Luigi, professeur.
169. Luzzatto Arturo, ingénieur.
170. Luzzatto Riccardo, avocat.
* 171. Macola, écrivain.
* 172. Majorana, avocat.
* 173. Mango, avocat.
** 174. Manna, avocat.
175. Marcora, avocat.
176. Maresca, docteur.
177. Marescalchi Alphonse, écrivain.
178. Marescalchi-Gravina Louis, avocat.
179. Martini, professeur.
** 180. Marzotto, industriel.
181. Materi.
182. Matteucci, avocat.

183. Mazza, avocat.
184. Mazzella, avocat.
** 185. Mazziotti, avocat.
186. Meardi, avocat.
* 187. Medici.
* 188. Melli, industriel.
189. Menafoglio, marquis.
** 190. Merci, avocat.
191. Merello, industriel.
192. Mezzacapo, marquis.
193. Mezzanotte, avocat.
* 194. Miaglia, avocat.
195. Mirto-Seggio, agriculteur.
* 196. Montemartini, docteur.
** 197. Monti-Guarnieri, avocat.
198. Morandi, professeur.
199. Morando, comte.
200. Morpurgo.
201. Nasi, professeur.
202. Niccolini, marquis.
203. Nocito, professeur.
204. Nuvoloni, avocat.
205. Orlando, professeur.
206. Orsini-Baroni.
* 207. Ottavi, docteur.
208. Paganini, ingénieur.
209. Pais-Sezza, colonel.
210. Pala, avocat.
** 211. Palatini, avocat.
212. Pansini, avocat.
213. Pantaleoni, professeur.
214. Panzacchi, professeur.
215. Papadopoli, comte.
216. Pastore, docteur.
** 217. Pavia, avocat.
* 218. Pennati, avocat.
* 219. Perla, avocat.

** 220. Perrotta-Fiamingo.
** 221. Piccolo-Cupani.
222. Pinchia, docteur.
223. Pini, avocat.
224. Pipitone, professeur.
* 225. Pistoia, général.
226. Pivano, avocat.
* 227. Pizzorni, avocat.
228. Podestà, noble.
229. Poli, avocat.
** 230. Pozzi, avocat.
231. Pozzo, avocat.
232. Prinetti, marquis.
233. Pugliese, avocat.
234. Raccuini, avocat.
* 235. Rava, avocat.
236. Ricci, marquis.
237. Riccio, avocat.
238. Rispoli, avocat.
* 239. Rizza, industriel.
240. Rizzetti.
* 241. Rizzo, avocat.
242. Rizzone-Tedeschi.
243. Rocca, avocat.
** 244. Rocco, comte.
245. Ronchetti, avocat.
246. Rosano, avocat.
* 247. Roselli, avocat.
248. Rossi Henri, avocat.
249. Rossi Theophile, avocat.
250. Rovasenda, comte.
251. Rubini, ingénieur.
252. Ruffo, prince de Spinoza.
253. Sacchi, avocat.
254. Sacconi, comte.
255. Sanfilippo, avocat.
256. Sani.

** 257. Santini, docteur.
258. Scalini, docteur.
259. Scaramella, agriculteur
260. Serristori, comte.
261. Silj, agriculteur
* 262. Silva.
263. Simeoni, avocat.
264. Sinibaldi, avocat.
** 265. Socci, écrivain.
266. Sola-Cabiati, comte.
267. Solinas-Apostoli, docteur.
** 268. Sorani, avocat.
269. Soulier, docteur.
270. Spagnoletti, avocat.
271. Spirito François, avocat.
272. Suardi, comte.
273. Talamo, avocat.
* 274. Tarroni, ingénieur.
275. Tecchio, avocat.
* 276. Teso, avocat.
277. Sanseverino, baron.
278. Testasecca, comte.
** 279. Toaldi, docteur.
280. Torlonia, duc.
281. Torraca.
282. Tripepi, avocat.
** 283. Turbiglio, professeur.
284. Vagliasindi, baron.
285. Valle.
286. Valli, avocat.
287. Vallone, ingénieur.
288. Ventura, avocat.
289. Vienna, avocat.
* 290. Vigna, avocat.
291. Villa, avocat.
** 292. Visocchi, avocat.
293. Vitale, avocat.

* 294. Vollaro, avocat.
295. Weil-Weiss, baron.
296. Wollemborg, docteur.
297. Zabeo, industriel.
* 298. Zannoni, docteur.

ANCIENS DÉPUTÉS:

1. Amadei, comte.
* 2. Ambrosoli.
3. Bonacci avocat.
* 4. Capilupi, marquis.
* 5. Capece Minutolo, comte.
** 6. Cerutti, avocat.
* 7. Clemente, docteur.
* 8. Conte, avocat.
9. Fazzari.
10. Mauro, avocat.
11. Menotti, industriel.
12. Merlani, avocat.
* 13. Pandolfi, marquis, Président du groupe.
* 14. Pignatelli, noble.
15. Plutino, avocat.
16. Tozzi, avocat.
* 17. Vicini, avocat.
* 18. Zayni, ingénieur.

MONACO.

** 1. Mayer L.
** 2. Moch G.

GROUPE NORVÉGIEN.

MEMBRES DU STORTING:

(Le Storting se compose de 114 membres.)*)

Président:

** 1. H. HORST, Président du Lagting, membre du Comité Nobel.

Secrétaire:

* 2. BERNH. HANSSEN, député.

Membres du bureau:

** 3. C. BERNER, Président du Storting.
** 4. CHR. KNUDSEN, député.
* 5. A. SPÖRCK, député.

6. O. Blehr, Président du Conseil des ministres.
* 7. J. Lövland, ministre des travaux publics, président du Comité Nobel.
8. G. Knudsen, ministre sans portefeuille.
9. J. Steen, ancien Président du Conseil des ministres, membre du Comité Nobel.
10. Edv. Liljedahl, Président du Storting, ancien ministre.
11. Th. Foss, Président du Lagting.
12. S. Arctander, Président de l'Odelsting, ancien ministre.
13. L. Liestöl, Président de l'Odelsting, ancien ministre.

---

*) Le *Storting* ne forme qu'une seule chambre pour les questions concernant la révision de la Constitution, le vote du budget ou la délibération des questions générales; pour la discussion des lois ordinaires le *Storting* se divise en deux sections, *l'Odelsting* (trois quarts des membres) et le *Lagting* (un quart des membres).

** 14. John Lund, ancien président du Lagting, Vice-président du Comité Nobel.
15. A. Böhn, député.
16. L. Trædal, député.
17. D. O. Bakke, député.
18. I. J. Svendsböe, député.
19. I. B. Sælen, député.
20. O. Sveinsson, député.
21. C. Aas, député.
22. B. Tandberg, député.
23. G. Martinsen, député.
24. E. A. Landheim, député.
25. E. Enge, député.
26. J. Gastberg, député.
27. F. Hagerup, ancien président du Conseil des ministres, membre de l'Institut de droit international, député.
28. H. Hermansen, député.
29. H. Jacobsen, député.
30. E. Wold, député.
31. J. Hougen, député.
32. A. Arnesen, député.
33. E. Nissen, député.
34. H. Haga, député.
35. J. C. Brandt, député.
36. J. Blydt, député.
37. S. K. Aarnes, député.
38. S. T. Næss, député.
39. R. Sindre, député.
40. W. Pedersen, député.
41. N. Skilbred, député.
42. T. M. Kleppen, député.
43. B. Backer, député.
44. S. Hodne, député.
45. S. L. Aasen, député.
46. J. Broch, député.
47. Monthei Haug, député.
48. P. N. Sjursen, député.

49. Th. Myrvang, député.
50. M. Oppen, député.
51. K. Sanderöd, député.
52. A. Strengehagen, député.
53. C. Bundi, député.
54. L. Abrahamsen, député.
55. A. Berge, député.
56. Aa. Bryggesaa, député.
57. D. Vigeland, député.
58. Joh. Jacobsen, député.
59. T. Lindstöl, député.
60. A. Andersen Grimsö, député.
61. M. Björnaali, député.
62. J. J. Andersen, député.
63. O. C. Johansen, député.
64. H. Meisingset, député.
65. N. Hestnæs, député.
66. E. Tokle, député.
67. O. Langeland, député.
68. C. A. Borch, député.
69. C. Stousland, député.
70. K. Möller, député.
71. J. Christiansen, député.
72. Chr. Ödegaard, député.
73. H. Böen, député.
74. O. Vik, député.
75. S. B. Eriksen, député.
76. E. G. Schanche, député.
77. Th. Wölstad, député.
78. A. Vinje, député.
79. P. A. Larsen, député.
80. A. P. Moe, député.
81. H. J. Hansen, député.
82. P. Svendsen, député.
83. O. Braa, député.
84. O. Five, député.
85. A. Galtvik, député.

86. A. Bergan, député.
87. L. Garberg, député.
88. P. Fjermstadt, député.
89. J. T. Hoff, député.
90. E. Hofstad, député.

GROUPE PORTUGAIS.*)

PAIRS DU ROYAUME (MEMBRES DE LA HAUTE CHAMBRE):

(La Chambre haute se compose de 155 membres.)

1. Marquez de Pombal.
2. Marquez da Praia e Monforte (Duarte).
3. Conde de Lagoaça.
4. Conde de Macedo.
5. Conde de Martins Ferrão.
6. Conde de Monsaraz.
7. Conde de Sabugosa.
8. Conde de Tarouca.
* 9. Conde de Valenças.
10. Visconde de Pindella.
11. Antonio Emilio Correia de Sá Brandão, Président du groupe du Sénat.
12. Antonio Ribeiro dos Sanctos Viegas.
13. Arthur Alberto de Campos Henriques, Vice-président.
14. Fernando Larcher.
15. Gonçalo Xavier d'Almeida Garrett.
16. Henrique Baptista d'Andrade.
17. Jacintho Candido da Silva, Secrétaire du groupe du Sénat.
18. Jose da Silveira Vianna.
* 19. Luiz de Sousa Holstein.
20. Manuel Augusto Pereira e Cunha.

---

*) Les membres du groupe portugais sont élus par les chambres respectives.

MEMBRES DE LA CHAMBRE DES DÉPUTÉS:

(La Chambre des Députés se compose de 138 membres.)

* 1. Abel Pereira d'Andrade.
* 2. Alberto de Castro Pereira d'Almeida Navarro.
3. Antonio Affonso Vellado da Fonseca.
4. Antonio de Almeida Dias.
5. Antonio Caetano Egas Moniz.
6. Arthur Pinto de Miranda Montenegro.
7. Carlos Augusto Ferreira.
* 8. Carlos Malheiro Dias.
9. Clemente Joaquim dos Sanctos Pinto.
10. Conde de Castro e Solla.
11. Conde de Passô Vieira, Secrétaire du groupe de la Chambre.
* 12. Conde de Penha Garcia.
13. Francisco Antonio da Veiga Beirão, Vice-président du groupe.
14. Francisco Jose de Medeiros.
* 15. Gaspar de Queiroz Ribeiro.
16. Henrique Matheus dos Sanctos.
17. João Alfredo de Faria.
18. João Carlos de Mello Pereira e Vasconcellos.
19. João de Sousa Tavares.
* 20. Jose Dias Ferreira, Président du groupe de la Chambre.
* 21. Jose Maria d'Oliveira Mattos.
* 22. Jose Maria d'Oliveira Simoẽs.
23. Jose Maria Pereira de Lima.
* 24. Julio Augusto Petra Vianna.
25. Luiz Filippe de Castro, Dr.
** 26. Luiz Fisher Berquó Poças Falcão.
* 27. Luiz Gonzaga dos Reis Torgal.
* 28. Rodolpho Augusto de Sequeira.
29. Rodrigo Affonso Pequitto.
30. Visconde da Torre.

ANCIENS DÉPUTÉS:

* 1. Affonso Costa.
* 2. Guimarães Pedrosa.
** 3. João de Paiva.
* 4. Joaquim Augusto Ferreira da Fonseca.
* 5. Jose de Castro.
6. Salgado d'Araujo.

GROUPE ROUMAIN.

Président :

EM. PORUMBARU, ancien ministre, Viceprésident de la Chambre des Députés.

Secrétaire :

ST. CIHOSKI, ancien député, professeur à l'École Supérieure des sciences d'État.

SÉNATEURS :

(Le Sénat se compose de 120 membres.)

1. Aurelian P. S., Président du Sénat, ancien président du Conseil des ministres.
** 2. Belloescu Stroc.
** 3. Constantinescu Rimniceanu.
4. Cratunescu N., Vice-président du Sénat.
** 5. Djuvara T. G., ancien ministre plénipotentiaire.
** 6. Dobruneanu St. N.
* 7. Dobruneanu J. N.
8. Gradisteanu P.
** 9. Missir P., professeur à l'Université.
10. Poroïneanu C.
11. Vericianu Al., ancien ministre.

ANCIENS SÉNATEURS :

** 1. Economu St.
** 2. Fotin C G.
** 3. Goïlav Gr.
4. Millo M.

** 5. Pilat C., général.
* 6. Sefendachi G.
7. Stoyanescu C.
** 8. Stati D.
9. Valy Ang.

DÉPUTÉS:

(La Chambre des Députés se compose de 183 membres.)

** 1. Agraru Demetrescu J.
* 2. Antonescu J.
** 3. Atanasiu D.
4. Baicoyanu G.
5. Burghele Q. G.
6. Condopol D.
* 7. Dimancea N.
** 8. Dimitriu C. D.
** 9. Dragu G.
* 10. Epurescu V., Vice-président de la Chambre.
** 11. Frumuşanu Titu.
** 12. Frumuşanu Numa.
** 13. Gheorghiu J.
14. Iliescu C.
15. Lovinescu V. T.
16. Missir V., ancien ministre.
** 17. Maurocordato J. G.
** 18. Moroïanu N.
19. Mitescu J.
** 20. Nicorescu N.
* 21. Pacleanu Al.
* 22. Poenaru-Bordea J. G.
23. Popescu D.
** 24. Porumbaru Emanuel.
* 25. Radovici Alex.
* 26. Rascanu A.
27. Romanescu N.
* 28. Rusiavetianu.

** 29. Saveanu N.
** 30. Sihleanu St.
31. Singurof Eug.
** 32. Stanculeanu J.
33. Stefanescu Mitu.
** 34. Teodorini T.
35. Vernescu C. G.
* 36. Vladescu T.

ANCIENS DÉPUTÉS:

* 1. Antonescu Em., professeur à l'Université.
* 2. Arion Virgil.
3. Badulescu A.
** 4. Campeanu C.
** 5. Cancicov V. T.
** 6. Cihoski St.
* 7. Ciurcu Alex.
** 8. Eliescu Aurel.
9. Enacovici A.
** 10. Enasescu N.
11. Fleva N., ministre plénipotentiaire.
** 12. Gregoriade N.
13. Jorgandopol D.
14. Macarescu G.
** 15. Racovitsa Hélie.
16. Strat D.
** 17. Suditu J.
18. Saveanu N. M.
** 19. Vidra G.

GROUPE SERBE.

1. Mgr. le Métropolitain Innocence, ancien sénateur.
2. Alexa Yovanovitch, ancien sénateur.
3. J. Ž. Yovanovitch, ancien sénateur.
4. Dr. Kolovitch, député
5. Nikolas Pašitch, député.
6. Mgr. Nikanor, évêque de Niche, ancien sénateur.
7. Jowan M. Zouyovitch, député, membre du Conseil d'État.
8. Dobrosaw Roužitch, membre du Conseil d'État.
9. Laza Patchu, conseiller d'État.
10. Svet. Gwozditch, ancien sénateur.
11. Ljub. Kovatchevitch, ancien sénateur.
12. Arsa Drénovatz, ancien sénateur.
13. Georges Simitch, député, ministre de Serbie à Constantinople.
14. Drag. Stamenkovitch, ancien sénateur.
15. Nik. Stephanovitch, ancien sénateur.
16. Vlad. Ljotitch, ancien sénateur.
17. George Andjelkovitch, ancien député.
18. Kosta Stoyanovitch, député.
19. Rista Popovitch, député.
20. Stojan Protitch, député, ministre de l'Intérieur.
21. Sreten Koitch, député.
22. Dr. Jov. Danitch, ancien député.
23. Dr. Mita Popovitch, ancien député.
24. Svet. Nikolayevitch, Président intérimaire du groupe.

GROUPE SUÉDOIS.

Président:

ELOWSON GULLBRAND.

Vice-Président:

AF BURÉN C. P.

Secrétaires:

WAVRINSKY EDV., HEDLUND HENR.

Trésorier:

BROSTRÖM A. F.

PREMIÈRE CHAMBRE:

(La première Chambre se compose de 150 membres.)

1. Andersson A. G.
2. af Burén C. P.
3. De Geer G. L., friherre.
4. von Friesen C.
** 5. Hamilton R. G., grefve.
6. Leman Ph.
7. Melin O.
8. Nyström Carl L. H.
9. Tamm Hugo P. P.

DEUXIÈME CHAMBRE:

(La deuxième Chambre se compose de 230 membres.)

1. Akerlind E. G.
2. Andersson A.

3. Andersson Folke.
4. Andersson H.
5. Andersson O.
6. Barnekow F. C. K., friherre.

** 7. Beckmann Ernest.

8. Berg F. O.
9. Berg Fridtjuv.
10. Bergström D. K.
11. Biesert J. E.
12. Bonde C. Carlson, friherre.
13. Broomé L. G.
14. Bromée J.
15. Byström J. J.
16. Broström A. F.
17. Collvin H. E.

** 18. Elowson Gullbr.

19. Ericsson J.
20. Ericsson J. E.
21. Erikson O. G.
22. Eklund O. G.
23. Forsberg J. G.
24. von Friesen S. G.
25. Gustafsson A. P.
26. Hadlund Henrik.
27. Hammarlund Emil.
28. Hammarström C. J.
29. Hansson A.
30. Hedin A.
31. Hellström Paul.
32. Henricson August.
33. Höjer M. M.
34. Holmgren D.
35. Hörnsten Petrus.
36. Janson A. F.
37. Jansson C. P.
38. Jansson J. P.
39. Johanson C. R.

40. Johansson W.
41. Johnsson J.
42. Karlsson K. G.
43. Kvarnzelius S. H.
44. Larsson J. T.
45. Lindgren G.
** 46. Lindgren G. O. W.
47. Lindgren J. A.
48. Lindhagen C. A.
49. Lindvall A. E.
50. Mattsson M.
51. Moll V. L.
52. Nordin J. E.
53. Nydal J.
54. Öhngren H.
55. Olofsson J.
56. Olsson A.
57. Olsson John.
58. Osterberg C. G.
59. Pettersson J. G.
60. Sandin G. M.
61. von Schéele K. H. G.
62. Segerdahl H. A.
63. Staaff K. A.
64. Starbäck K.
65. Sterner A.
66. Styrlander A. W.
67. Thylander A.
68. Wallentin C. H.
69. Wallis Curt.
** 70. Wavrinsky E. O. V.

ANCIENS MEMBRES DE LA PREMIÈRE CHAMBRE:

1. Adelsköld C. A.
2. Person N.

ANCIENS MEMBRES DE LA DEUXIÈME CHAMBRE:

1. Erikson J. M.
2. Fjallbäck J. A.
3. Guldbrandsson O. N.
4. Gumaelius Arvid.
5. Hahn Anton.
6. Hedin E. L. M.
7. Johansson J.
8. Larsson P. A.
9. Norman E.
10. Olofsson G.
11. Walter O.

GROUPE SUISSE.

Président du Groupe: DR. GOBAT (Berne).

Secrétaire: ZÜRCHER.

I. CONSEIL NATIONAL:

(Le Conseil National se compose de 167 membres.)

1. Abegg J. J.
2. Ador Gustave.
3. Bähler Edouard.
4. Baldinger Emile.
5. Bally Edouard.
6. Bioley Henri.
7. Borella Achille.

* 8. Brandt Paul.

9. Brosi Albert.

** 10. Brüstlein Alfred.

11. Bucher Franz.
12. Bühler Gottlieb.
13. Bürgi Frédéric
14. Buser Jac.
15. Caflisch Antoine.
16. Caleme-Colin Jules.
17. Censi Emilio.
18. Choquard Joseph.
19. David Henri.
20. Decoppet Camille.
21. Défayes Camille.
22. Dinichert Constant.
23. Dinkelmann Hans.
24. Dürrenmatt.

25. Erismann Max.
26. Eugster Arthur.
27. Evéquoz Raymond.
28. Fazy Henri.
29. Fehr Alfred.
30. Geilinger Rudolphe.
** 31. Gobat Albert.
** 32. Gottofrey Vincent.
** 33. Greulich Hermann.
34. Grieshaber Robert.
35. Gschwind Stephan.
36. Hilty Carl.
* 37. Hofmann Jac.
38. Huber Eugène.
39. Iten Clément.
40. Jäger Joseph.
41. Kuntschen Joseph.
42. Lagier Juste.
43. Locher Albert.
44. Loretan Gustave.
45. Martin Louis.
* 46. de Meuron Alois.
47. Michel Frédéric.
48. Mosimann Paul.
49. Müller Adolphe.
* 50. Müri Hans.
51. Odier Edouard.
52. Perrier Louis.
53. Perrig Alfred.
54. Pestalozzi Hans.
55. Piguet Albert.
56. Pioda Alfred.
57. Rebmann J. Jac.
58. Ritschard Jean.
59. Rossel Virgile.
60. Schär J. J.
** 61. Scherrer-Füllemann Joseph.

** 62. Scherrer Heinrich.
63. Soguel Frédéric.
64. Soldini Antonio.
65. Stoffel Giuseppe.
** 66. Studer, Dr.
** 67. Thélin Henri.
68. Vigier Wilhelm.
69. Vincent Alfred Louis.
70. Vital André.
* 71. Vogelsanger Jac.
72. Vuichoud Emile.
73. Zimmermann Jean.
74. Zürcher Emile.

II. CONSEIL DES ÉTATS:

(Le Conseil des États se compose de 44 membres.)

1. von Arx Casimir.
2. Battaglini Antonio.
3. Berthoud Jean.
4. Calomder Félix.
5. Kellersberger Armin.
6. Lachenal Adrien.
7. Munzinger Oscar.
8. Richard Eugène.
9. Robert Arnold.
10. Scherb Albert.
11. Simen Rinaldo.
12. Simon Henri.
13. Stoessel Jean.

ANNEXE IV.

LISTE SOMMAIRE DES GROUPES.

Groupe	allemand	79
„	anglais	146
„	autrichien	173
„	belge	191
„	bulgare	84
„	danois	136
„	français	123
„	hollandais	82
„	hongrois	218
„	italien	362
„	norvégien	90
„	portugais	56
„	roumain	75
„	serbe	24
„	suédois	92
„	suisse	87
		2018

Espagne	1
États-Unis d'Amérique	1
Monaco	2
Total	2022 membres.

ONT ACCOMPAGNÉ LEURS PROCHES À LA CONFÉRENCE DE VIENNE:

ALLEMAGNE:

Mme Ablass.
Mme Beckh.
Mme Faltin.
Mlle Faltin.
Mme Harmening.
M. Riff, fils.
Mme Wattendorff.

ANGLETERRE:

Lady Brunner.
Mrs Byles.
Mrs Caldwell.
Mrs Curran.
Miss Curran.
Mr Curran jun.
Miss Goddard jun.
Miss Lough.
Lady Mac Laren.
Mr Mac Laren.
Miss Mac Laren.

AUTRICHE:

Mme Binder.
Mme de Burgstaller.
Mlle Brdlik.
Mme de Doboszinska.
Mlle de Gniewosz-Olexow.
M. de Gniewosz-Olexow, fils.
Mme Heim.
Mme Kareis.
Baronne de Pirquet.
Mlle Marguerite de Pirquet.
Baron Silverio de Pirquet.
Mme de Roszkowska.
Mlle de Roszkowska.
Mlle de Roszkowska.
Mme Schmidt.
Mme Schücker.
Mlle Schücker.

BELGIQUE:

Mme Beernaert.
Mme Braun.
Mme La Fontaine.
Mlle La Fontaine.
Mme de Lanier.

DANEMARK:

Mme Bajer.
Mme Brun.
Mme Doose.
Mme Jakobs, docteur en médecine.
Mlle Bartholine Jörgensen.
Mme Klausen.
Mme de Krabbe.
Mme Ph. Petersen-Bartholin.

ÉTATS-UNIS D'AMÉRIQUE:

Mrs Bartholdt.

FRANCE:

Mme Brelet.
Mme Lhopiteau.
Mlle Deltour (petite fille de M. Passy).

HOLLANDE:

Mme Goeman Borgesius.
Mlle Goeman Borgesius.
Mlle C. M. Bouman.
Mlle B. E. van Houten.
Mlle M. A. van Houten.
Mme Rahusen-Hooft van Vreeland.
Mme Rahusen-de Graaff.
Mme Tydeman.

HONGRIE:

M. Elemer de Kállay.
Mme de Pázmándy.
Mlle de Pázmándy.
Mlle de Pázmándy.
M. Lázár Popovits.
Mme Popovits.
Mme de Szulyovszky.
Mme de Vermes.

ITALIE:

Mlle Maria Cerutti.
M. Doddi.
Mme Doddi-Pozzi.
Mme Monti-Guarnieri.
Mme Perrotta.
Mme Pozzi.

MONACO:

Mme Mayer.
Mme Moch.

NORVÈGE:

Mme Horst.
Mme Knudsen.
Mlle Gudrun Lund.

PORTUGAL:

Mme Fisher.
Mlle Fisher.

ROUMANIE:

Mme Campeanu.
Mme Dimitriu.
Mme J. N. Dobruneanu.
Mme Fotin.
Mme Numa Frumuşanu.
Mme Titu Frumuşanu.
Mme Giurgea.
Mlle Giurgea.
Mlle Goïlav.
Mme Elise Missir.
Mme Moroïanu.
Mme Suditu.

SUÈDE:

Mlle Elowson.
Comtesse Raoul Hamilton.
Mlle Ida Östling.
Mme Selma Wavrinsky.
Mlle Greta Wavrinsky.

SUISSE:

Mme J. Scherrer.

INVITÉS POUR LEURS TRAVAUX EN FAVEUR DE L'ARBITRAGE:

** 1. Baronne Bertha de Suttner.
** 2. Baccalario Guido.
3. Barclay Thomas.
** 4. Farace, Marchese Alfredo.
5. Franza Enrico.
** 6. Garofalo, barone Raffaele.
7. Jaccarino Augusto.
** 8. Kolben Max, Dr.
** 9. Lentner Ferdinand.
** 10. Mancini Mario.
** 11. Mengarini Flavio.
12. Montani Carlo.
** 13. Novicow M. J.
** 14. Nuvoloni Luigi.
** 15. Sleghers Guglielmo.

LISTE DES MEMBRES

AYANT PRIS PART AUX DÉBATS DE LA XIE CONFÉRENCE.

TABLE DES MATIÈRES.